سلسلة دراسات وقراءات عن:
"دولة التنظيم السري"   3

دولة المنظمة السرية

قراءة في كتاب: "العراق: دولة المنظمة السرية"

للمفكر العراقي حسن العلوي

(نشر في 1990)

ممدوح الشيخ

الكتاب: دولة المنظمة السرية

قراءة في كتاب: "العراق: دولة المنظمة السرية" للمفكر العراقي حسن العلوي. (نشر في 1990)

المؤلف: ممدوح الشيخ

سلسلة دراسات وقراءات عن: "دولة التنظيم السري"   3

جميع الحقوق محفوظة

الطبعة الأولى 2018

Table of Contents

بلا مقدمات 4

دولة التنظيم السري" ...قصة فكرة! 21

إنهم يستمدون القوة من الخفاء 30

من تاريخ الماسونية في مصر قبل الحملة الفرنسية ... 45

من الكواكبي والأفغاني حتى عفلق 57

عندما يختبئ "العفريت" في المخابرات العسكرية! ... 74

"المنشأة الإلهية": كيان خفي أسسه "قديس فاسق"!! ... 88

مختصر كتاب: العراق: دولة المنظمة السرية" 100

تعقيب عام على شهادة حسن العلوي 171

صدر للمؤلف: 192

بلا مقدمات

ارتبطت الثورية في الثقافة العربية بالنقاء، وكثيراً ما تربط الكلمتان معا في التعبير الشائع – ولا بأس أن نقول – والمخادع **"النقاء الثوري"**، لكن الزعماء الثوريين الكبار في القرن العشرين: أتارتورك – لينين – هتلر – ستالين – ماو – صدام حسين... ..لم يكن أي منهم ليستحق وصفه بأي نوع من أنواع النقاء، لكن المصيبة أن من الصعب بل من الصعب جداً إقناع الثوريين الصغار (مستهلكو القصص والشعارات الثورية) بحقيقة الزعيم الثوري لأن بناء صورة هذا الزعيم في وجدان أتباعه تتضمن بالضرورة لعبة احتيالية مغلقة لم تفقد – رغم بساطتها – قدرتها على حماية قداسة هذا الزعيم للأبد في البعض، حتى لو كان هذا البعض قليلا.

ولا تكاد تخلو تجربة ثورية من لعبة "**مطاردة الشياطين**"، ويقصد بهم "**أعداء الشعب**" وهي فكرة ماكرة ولدت للمرة الأولى على يد قادة حقبة الإرهاب من تاريخ الثورة الفرنسية واستخدموها بدموية لا نظير لها للتخلص من مئات الآلاف من خصومهم عبر دعوتهم لحماية الثورة من "**أعداء الشعب**"، ثم في مرحلة لاحقة أضيفت "**المؤامرة اليهودية**" إلى وسائل التضليل الثوري فأصبح بالإمكان تصنيف أي موقف نقدي أو عدائي ضمن حلقات المؤامرة اليهودية، ويتم وضع هذا الشعار على قمة معمار محكم مغلق: الثورة أعظم إنجازات الأمة، الزعيم رمز الثورة، استهداف الزعيم استهداف للأمة، وفي النهاية فإن الأكاذيب هي السلاح المفضل للمؤامرة اليهودية وأذنابها طوال التاريخ .

وهكذا تختفي الحقيقة – أو تكاد – وتستمر لعبة تقديس تؤدي في النهاية إلى بناء "**جدار حديدي**" يحاصر وعي الأمم ويحكم على مستقبلها بالإعدام. ومن هنا تأتي أهمية كشف الأقنعة عن الزعيم الثوري الفرد حتى يخرج العقل العربي من هذا النفق المظلم و"**يؤنسن**" حكامه فينظر إليهم كبشر أسوياء لا كأنصاف آلهة، غالبا ينتهون إلى مصير مظلم بعد أن يدمروا أممهم. ومن النماذج المهمة للأعمال التي تستهدف كشف هذه الأقنعة سيرة جديدة عن الزعيم الصيني ماو تسي

تونج، (ماو تسي تونج: القصة المجهولة – ليونغ شانغ وجون هاليدي) والأولى ولدت في الصين عام 1952 وانخرطت في الحرس الأحمر وعمرها 14 عاماً فقط. ثم اشتغلت بمصنع قبل أن تكمل دراستها وتتعلم الإنجليزية وتصبح أستاذة جامعية. ثم أتيح لها أن تغادر الصين عام 1978 وتصبح أستاذة بجامعة يورك بإنجلترا.أما جون هاليدي فهو كاتب ومؤرخ بريطانيكان أستاذاً زائراً في المعهد الملكي التابع لجامعة لندن.

في هذا الكتاب الضخم (أكثر من 800 صفحة) يروي المؤلفان قصة حياته ويقولان ما خلاصته: لقد كان ماو يمتلك سلطة مطلقة على ربع سكان الأرض خلال 27 عاما وهو المسؤول عن مقتل 70 مليون صيني على الأقل في زمن السلام لا الحرب، فهناك 38 مليوناً قتلتهم المجاعة (1958 – 1961)، حيث كان الغذاء يصدر للخارج لاستيراد تكنولوجيا صناعية، وعندما كانت العائلة تتسلم 1200 وحدة حرارية يومياً، وهوأقل مما كان يتسلمه نزلاء معسكرات الاعتقال النازية، و27 مليوناً في السجون. أما الملايين المتبقية فقتلتها الثورة الثقافية.وبالتالي فقد قتل من الناس أكثر من أي قائد آخر في القرن العشرين، وهذا ما يجهله الكثيرون حتى الآن. ويكشف المؤلفان

عن أن القائد الصيني لم يكن مثالياً، وإنما اعتنق العقيدة الماركسية اللينينية بشكل انتهازي لأنها تتيح له تشكيل الحزب الواحد والهيمنة على السلطة، وقد سيطر على الحزب الشيوعي الصيني في نهاية ثلاثينات القرن العشرين، ثم سيطر على كل مقاليد السلطة في الصين بدءًا من عام 1949 بعد حرب أهلية مرعبة وبعد أن ساعده الاتحاد السوفييتي على ذلك وعندئذ أصبح ماو أكبر قائد استبدادي في التاريخ.

والغريب أن ماو تحول عندئذ إلى شخص مخفيّ عن الأنظار تقريباً، وهكذا زادت هيبته لدى الشعب وأصبح يسير الأمور من وراء الستار. وفرض على شعبه حالة استنفار عسكري مستمر وهو استنفار تتخلّله من وقت لآخر فترات انفجار ثوري عارم وحملات إرهابية مرعبة. لكن هذا الإرهاب ــ حسب الكتاب ــ كان جزءًا من مخطط سري شامل يهدف لجعل الصين أكبر قوة عظمى في التاريخ بأمل الهيمنة على العالم، هذا حلم ماو المخفي لكن لا أحد يتحدث عن الجانب السري المجهول من حياته. ولهذا فإن الكتاب دعي بالقصة المجهولة أو السرية. وقد أمضى الباحثان 10 سنوات يدرسان الأرشيفات السرية لتلك الحقبة قبل التأليف كما التقيا بشخصيات عديدة مهمة وأخذا منها شهادات عن ماو. ويمكن أن يقرأ هذا العمل بوصفه كتاباً في الفلسفة

السياسية على طريقة مكيافيللي فماو كان أكبر قائد انتهازي في القرن العشرين. وتنطبق عليه كلمة لين بياو الشهيرة: **"السلطة السياسية هي سلطة قمع الآخرين"**. وقد استخدمها بالفعل لقمع الشعب الصيني كله وفرض عبادته عليه. ومما يكشف عنه المؤلفان أساليب ماو في التلاعب السياسي الهادف لتصفية خصومه والصعود نحو القمة وقد أسس لسلطته الشخصية باستخدام الرعب لإخضاع الناس وكان يلجأ للسمّ إذا رفض أحد الخضوع له وهكذا سمّم العديد من الشخصيات التي اعترضت طريقه أو حاولت ذلك. وماو لم يكن مهتما بالدفاع عن بلاده ضد الغزو الأجنبي وإنما بكيفية تصفية خصومه السياسيين بل استغل الغزو الياباني ليفعل ذلك. ويقال إنه كان يتمنى لو أن ستالين واليابانيين يسيطران على الصين وليس خصومه السياسيين. ولعل من الطريف هنا الإشارة إلى أنه **"كان مزواجا مطلاقاً"**.

وإذا كان المؤلفان يختمان كتابهما بالقول: إن **"صورة ماو وجثمانه يسيطران على ساحة تيان آن مين في قلب العاصمة الصينية"**، فإن الأهمية الكبرى للكتاب أن ماو كان تأثيره السياسي كبيراً في عدد من الدول العربية وأن المزاج الثوري ما زال يحكم شراح واسعة من نخبتنا الثقافية العربية، والكتاب في النهاية حول ماو من أنبل مقاتل

إلى أسوأ قاتل، من شخص كرس حياته لقضية الفلاحين إلى عدو وكاره عنيد لهم. أما الثورة الثقافية فلم تكن سوى أعظم عملية "**تطهير**" شهدها التاريخ. كما أن المكر والكذب والتحالفات الانتهازية وإبعاد الأكفياء وعدم الاكتراث بالمقاتل التي تسبب بها أو قررها عمداً، هذه كلها، وصفات مشابهة أخرى كثيرة هي ما صنع شخصية ماو كزعيم سياسي.

****

وفي 17 فبراير 2008 نشر المفكر الاقتصادي المصري المعروف الدكتور حازم الببلاوي (رئيس وزراء مصر لاحقاً) مقالاً في الأهرام القاهرية يحكي فيه قصة غريبة مثيرة. قصة لم تفارقني لسنوات وكانت أحد أهم أسباب اهتمامي بإصدار كتابي هذا.

المقال عنوانه: "**عن الترجمة الوهمية**" ولنقرأ القصة الغريبة المثيرة كما رواها الببلاوي، يقول حرفياً: "**مصر أم الدنيا وهي أيضاً أم العجائب، في نفس الأسبوع الذي تقيم فيه معرضها السنوي للكتاب تنشر في الصحف الاجنبية واقعة غريبة وغير منتشرة متعلقة بالعمل الثقافي في مصر. ويشاء سوء الحظ أن تقع هذه الواقعة مع صحفي بريطاني كبير ــ روبرت فيسك ــ فينشرها بجريدة الاندبندنت**

9

البريطانية الواسعة الانتشار في أول فبراير. أما عن الصحفي فهو أحد أشهر الصحفيين المهتمين بشئون الشرق الأوسط وقد عاش في أكثر من بلد من بلدان الشرق العربي. .... فماذا فعلنا به؟"

ويكمل الدكتور حازن الببلاوي: "هذا ما يرويه فيسك في مقاله المنشور في الجريدة البريطانية. كان فيسك في بيروت عندما وصله مظروف من أحد أصدقائه المصريين وبه كتاب باللغة العربية عن حياة صدام حسين منذ الولادة إلي الشهادة وقد كتب اسم المؤلف ببنط ذهبي عريض روبرت فيسك والكتاب مطبوع في مصر ويتداول فيها. وعادة يسعد المؤلف – أي مؤلف – عندما يري كتاباته مطبوعة خاصة إذا ترجمت إلي لغات أخري، ولكن مشكلة روبرت فيسك مع الكتاب كانت – فيما يبدو – مختلفة تماماً، فلم يكن هناك مجال للسعادة وإنما للدهشة، فهو لم يكتب الكتاب، أصلاً".

!!!!

"وبرغم ذلك فها هو يجده مترجماً للغة العربية ومتداولاً تحت اسمه في أكبر الدول العربية ومن هنا فيجب الاعتراف بأننا ازاء نقلة

نوعية في العمل الثقافي المصري. كان العديد من المصريين يتندرون في الماضي حول ترجمات تصدر في بلادنا لمؤلفات أجنبية في ترجمة سيئة وبعيدة تماماً عن الأصل وبحيث كان المترجم يؤلف أكثر مما يترجم، في نفس الوقت الذي كانت تصدر فيه مؤلفات لمؤلفين عرب، هي في الحقيقة ترجمة حرفية أو أقرب إلي الترجمة الحرفية نقلاً من مؤلفات أجنبية، حتي أننا لم نكن نستغرب للمقولة بأن الترجمة عندنا تأليف، في حين أن التأليف لا يعدو أن يكون مجرد ترجمة والجديد في هذه النقلة النوعية في المجال الثقافي هو أننا بهذا العمل قد فتحنا باباً جديداً لم تعرفه البشرية بعد، وهو أن نترجم كتاباً غير موجود وليس له أصل، فالترجمة هنا هي عمل إبداعي وخيالي في نفس الوقت، فأنت تتصور أن مؤلفاً أجنبياً قد ألف كتابا ثم تقوم بترجمة هذا الكتاب الوهمي إلي اللغة العربية".

وواحدة من أخطر العبارات الواردة في مقال الدكتور حازم البلاوي قوله: "والغريب أن الترجمة في حالتنا تبدو معقولة وأنها تتضمن معلومات لا بأس بها، حتى أن فيسك نفسه لم يعترض علي ما جاء بها إلا فيما يتعلق بملاحظة أو ملاحظتين، وجد أنها لا تتفق مع آرائه واتجاهاته، وهكذا فان فيسك لم ير في الكتاب أي سرقة

للأفكار، فهو عمل خلاق وإن نسب إليه دون وجه حق، فالأمر ليس سرقة بقدر ما هو احتيال وذلك بأن تبيع بضاعة مغشوشة وتنسبها إلي اسم معروف أو إلى ماركة عالمية".

هو إذن تحريف "احترافي" صاحبه — فرداً كان أو مؤسسة — كان قادراً على مضاهاة أسلوب الكاتب البريطاني، ما يجعل الكتابة عن القصة باللغة الساخرة التي اختارها الببلاوي تنطوي على "تسطيح" غير مبرر لواقعة تبلغ الغاية في الخطورة!!

ونعود إلى نص مقال الدكتور حازم الببلاوي وهو ينقل الفصل التالي — ربما الأكثر إثارة في قصة روبرت فيسك مع "**الشبح**" الذي اختلق كتاباً ونسبه إليه. يقول الببلاوي: "**ويروي الكاتب في مقاله مغامراته في القاهرة للبحث والتقصي عن حقيقة ترجمة كتابه الوهمي إلي اللغة العربية والبحث عمن وراءها. ..... ويسرد فيسك في المقال مغامرته في البحث عن الفاعلين لهذه الجريمة فيكتشف أن دار النشر المسئولة عن الترجمة تحمل اسم "إبداع" ويتعرف علي عنوان دار النشر، ولكنه لا يجد شيئاً يساعده علي معرفة المترجم أو الناشر، وهو في بحثه عن الجاني يصف مباني القاهرة وتاكسياتها وأبناءها بأوصاف تبعث علي الألم في النفس ليس لأن الأوصاف سيئة، بل**

لأنها صحيحة، وينتهي به الأمر إلي اكتشاف أن الكتاب المترجم قد تم إيداعه في دار الكتب المصرية ..... وفي دار الكتب تأكد فيسك أن الكتاب قد حصل بالفعل علي إجازة حكومية وتم إيداعه في دار الكتب باعتباره كتاباً مترجماً عن أصل موجود، ألفه البريطاني روبرت فيسك. وبطبيعة الاحوال فقد تم كل ذلك دون أية محاولة للتحقق من صحة تلك البيانات، خلال هذه الجولات للبحث عن الفاعل سمع فيسك اسم مجدي شكري باعتباره الفاعل المحتمل، وتركز البحث بذلك عن هذا المجدي شكري وبعد أن يئس من الوصول إليه، لم يعد أمامه إلا أن يذهب إلى مكتبة مدبولي في المهندسين للبحث عن جسم الجريمة، حيث وجد الكتاب بالفعل، واضطر إلى شرائه ودفع ثلاثين جنيها ثمناً لكتاب باسمه وإن لم يؤلفه. وسمع أن مجدي شكري قد انتقل إلى مدينة السادس من أكتوبر، وكان عليه البحث عنه هناك، واكتشف أن الأمر قد يستغرق البقية الباقية من حياته".

!!!!

"فتخلي عن المهمة وعاد إلى بلده، وكتب المقال المشار إليه في الاندبندنت البريطانية".([1]

وقد كنت وقت نشر مقال الببلاوي أنشر مقالات رأي في جريدة البيان الإماراتية فنشرت في 27 فبراير 2008 مقالاً عنوانه: "**من زور كتاب روبرت فيسك؟**" وأستعيد هنا ما كتبته آنذاك اعتماداً على مقال حازم الببلاوي ومصادر أخرى. وهذا نص مقالي:

"**الانتحال والتزوير ظاهرة قديمة في التاريخ الإنساني وقديما زور بعض اليهود رسالة مؤرخة في العام الخامس الهجري عثر عليها في مقبرة قديمة بمدينة الفسطاط بمصر يدعون فيها كذبا على النبي صلى الله عليه وسلم إعفاءهم من الجزية. وفي القرن الثامن الميلادي تم تزوير وثيقة تعطي الفاتيكان حقوقا في إيطاليا.... وهكذا لكن مثل هذه الحوادث كانت بنت عصرها أما اليوم في هذا العصر فإن الانتحال والتزوير يأخذان منحى مختلفاً، تجسده القصة التي يدور حولها هذا المقال. القصة تبدو للبعض طريفة وقد تكون بمعيار ما هو**

سائد في الإعلام العربي خبراً صغيراً في باب الطرائف والأخبار المنوعة الخفيفة في الصحافة العربية، لكنها في الحقيقة سابقة خطيرة في تاريخ الثقافة العربية وجرس إنذار لما يحدث في مجال الثقافة من تضليل كبير وفاحش ومنظم ومتبجح".

"والأسوأ أنه يحدث في غفلة من الضحايا الذين لا يشعرون أساساً أن هناك شيئا يدبر في الخفاء. وقد لفت نظري إلى القصة لأول مرة المفكر المصري المرموق الأستاذ الدكتور حازم الببلاوي في مقاله الأسبوعي الأخير في "الأهرام" القاهرية، والقصة في عبارة واحدة هي أن الكاتب البريطاني الشهير روبرت فيسك فوجئ بكتاب واسع الانتشار في القاهرة عنوانه: "صدام حسين من الميلاد إلى الاستشهاد"، وقد صدم فيسك لأنه لا صلة له بالكتاب المنسوب إليه زوراً!"

"وقبل أن نقرأ القصة كما يرويها فيسك أود الإشارة إلى أنني صادفت هذا الكتاب على الأرصفة في القاهرة وصدمني أن يصدر عن مثقف في حجم روبرت فيسك كتاب يمنح في عنوانه: "درجة الشهادة" لشخص مثل صدام حسين. كان فيسك في بيروت عندما

أرسلت له صحافية مصرية نسخة الكتاب مع رسالة تسأله فيها: هل فعلاً أنت من ألف هذا الكتاب؟"

"روبرت فيسك نفسه يصف ما حدث فيقول إنه فوجئ بوجود هذا الكتاب المطبوع بعناية وسافر إلى القاهرة في ما يشبه المهمة البوليسية للبحث عن اليد التي تقف وراءه، وعندما حصل على الكتاب وعرف محتواه لفت نظره أن الكتاب منحاز لقسوة صدام، ولم يبد كاتبه اهتماماً كثيراً بمدنيي حلبجة حيث أخفى الكاتب الجوانب السوداء والمظلمة والجرائم التي ارتكبها الرئيس السابق طوال فترة حكمه للعراق وانتقى سيرة تمجد الرئيس وتصوره بطلاً سيريالياً وهو مغاير لوجهة نظر فيسك".

"فمع أنه معروف بموقفه المعارض للحرب على العراق، إلا أنه اشتهر طوال سنوات عمله الطويلة في الشرق الأوسط بمقالاته المعارضة للسياسة التي انتهجها صدام حسين، لكن الكتاب المزيف جاء خالياً من أي إشارة إلى تلك الجرائم. ويعلق فيسك على اللغة الخطابية للكتاب قائلا: "لم يكن ذلك انتحالاً، كان ذلك تزويراً".

"وفي تفاصيل القصة التي يرويها فيسك رائحة أشياء قد تثير الضحك عند البعض لكنها استنفرت عندي كل أحاسيس الريبة، فمكتب الناشر المطبوع بوضوح على الصفحة الثانية "إبداع" عنوانه 953 كورنيش النيل وبالوصول إليه فوجئ فيسك بالرد: "إننا لم ننشر أبداً مثل هذا الكتاب". بينما بيانات الإيداع القانوني الخاصة بالشخص الذي يفترض أنه ناشره هي: 13 شارع حسن رمضان بالدقي وكانت المفاجأة الثانية أن هذا العنوان "مسجد"" !!!!!!.

"والخيط الوحيد الذي اهتدى إليه فيسك هو شخص مؤلف اسمه "أمجد شكري" كان مقيماً في المنطقة وتركها منذ عام تقريباً ويعمل في مكتبة صغيرة، وذهب إليها روبرت فيسك وسأل عنه ليجد أنه تركها وذهب ليقيم في مدينة جديدة قريبة من القاهرة هي مدينة 6 أكتوبر. وبالتالي وصلت مهمة فيسك البوليسية إلى طريق مسدود ورضي من الغنيمة بالإياب!"

"الشبح الذي زور كتاب روبرت فيسك أكثر أهمية وتأثيرا في واقعنا العربي أكبر بكثير مما يظن أصحاب النوايا الحسنة، وهو لم يستهدف فيسك نفسه بل استهدف وعي القارئ العربي وليس "فرداً" مغامراً استهوته فكرة فاجترأ عليها بل جهة منظمة حسبت

حساباتها بدقة واستخدمت الوسيلة التي اختارتها بحرفية. لقد أراد من نشروا هذا الكتاب الاستمرار في بناء أسوار من الأكاذيب حول "أسطورة" صدام حسين، ولا يحقق هذا الغرض مثل الانتحال باسم كاتب غربي في وزن وأهمية روبرت فيسك والرسالة التي لا يحملها الكتاب بداية من الغلاف أن الرجل "شهيد"، وبالتالي فإن العربة قبل الحصان والقارئ ليس في حاجة لأن يقرأ سوى الغلاف!!

"ومن الرسائل التي يحملها الكتاب أيضا أن معارضي الحرب على العراق . وكان فيسك علماً عليهم ورمزاً لهم واسماً من أهم الأسماء في قائمة مشاهيرهم . فإذا كان فيسك المعارض الغربي للحرب على العراق يرى صدام حسين شهيداً، فلا مصداقية إذا لموقف أي مثقف عربي معارض للحرب ما لم يقف على قبر صدام حسين باكياً واصفاً إياه بالشهيد. إن عملية تضليل خطيرة تحدث في العالم العربي تستهدف بشكل منظم إظهار خصوم الاستبداد بوصفهم "الطابور الخامس" الذي يعمل لصالح العدو، والجزء الظاهر من هذه العملية قابل لأن يكون موضوعاً للرد والنقد والنقض، أما الجزء غير الظاهر فهو الأخطر، وكتاب فيسك المزور "عينة ممثلة" له.

"ولقد أعادتني الواقعة للاهتمام بظاهرة "دولة التنظيم السري"، هذه الظاهرة التي تشير إلى دولة "تحت جلد الدولة" في عدد من الأقطار العربية، دولة وصفها السياسي العراقي حسن العلوي ـ عندما أراد أن يلخص تجربته مع صدام حسين ـ مستخدماً تعبير: "دولة المنظمة السرية"، وكذلك من يقرأ كتاب: "جماعة الكتاب الأحمر" للمؤرخ اللبناني شفيق جحا وهو شاهد على التجربة بل شريك فيها، ومن صفوف هذه الجماعة خرج عديد من الضباط الانقلابيين في الشام والعراق. ومناخ السرية أثمر ثقافة السرية وثقافة السرية تعود الآن لتتبلور أمام أعيننا في قصة يراها كثيرون طريفة أو ساخرة، ولكنها كما قال المتنبي:

أمور يضحك السفهاء منها ويبكي من عواقبها اللبيب

فإذا حددنا المستفيد من تبرير الاستبداد وتبييض وجهه فبالإمكان معرفة الفاعل في جريمة كتاب روبرت فيسك!

كان هذا ما كتبته في 2008 وما زال في 2018 صالحاً لأن يكون مقدمة لهذا الكتاب.

وما زال صالحاً للرد على كتائب من "اليساريين السلطويين" الذين يصفهم المفكر العراقي حسن العلوي بـ "اليسار النفطي" .... هؤلاء الذي اختاروا أن يكونوا شهود زور ظاهرين ومستترين، ويدين ممارساتهم المخزية قول رب العزة: "ألم تر إلى الذين أوتوا نصيبًا من الكتاب يؤمنون بالجبت والطاغوت ويقولون للذين كفروا هؤلاء أهدى من الذين آمنوا سبيلاً".

ممدوح الشيخ

القاهرة

20 أكتوبر 2018

دولة التنظيم السري" ...قصة فكرة!

كنت عائداً من **مؤتمر أدباء الأقاليم** المنعقد بمحافظة سوهاج عندما لمحت في يد زميل عدداً من جريدة "**أخبار الأدب**" (28 / 12 / 2003) ولفت نظري فيه عنوان فاشتريته، وبسبب الزحام الشديد في أرشيفي انتزعت صفحة الموضوع الذي أريده وألقيت الباقي. ظل العدد المهمل يطاردني لأيام وأنا أضعه جانباً دون التخلص منه حتى دعتني زوجتي لقراءة كلام لحسن حنفي. كان كلام حنفي ضمن مداخلته في **مؤتمر الجمعية الفلسفية** بالإسكندرية الذي حضره الراحل نصر أبو زيد. وكانت العبارة الأكثر صدمة لي في "**كلام الفيلسوف**" قوله عن نصر: "**قال أشياء كنت أتمنى أن أقولها ولكن ربما استخدامي لآليات التخفي حال بين فهم ما أردت أن أقول. نحن مجموعة من الأفراد لو اصطادونا لتم تصفيتنا واحداً واحداً، ولذلك أرى أن أفضل وسيلة**

للمواجهة هي استخدام أسلوب حرب العصابات. اضرب واجري. ازرع قنابل موقوتة في أماكن متعددة تنفجر وقتما تنفجر ليس المهم هو الوقت. المهم أن تغير الواقع والفكر. ولذلك يسموني (المفكر الزئبقي). لا أحد يستطيع أن يمسك علي شيئاً!!!"

وتساءلت هل هذا تنظير فكري أم تفكير أمني؟

وكتبت آنذاك مقالاً مسلسلاً بعنوان: "تنظيم إرهابي سري اسمه الجمعية الفلسفية المصرية" في جريدة "الأحرار" (المصرية)، والغريب أنه كان الوحيد في حياتي المهنية الذي تدخلت مباحث أمن الدولة لمنع استكمال نشره!

وبعد المقال والتدخل الأمني بدأت أشعر أن الموضوع يحتاج لتعميق، وساعدني على التفرغ له أنني كنت في هذه الفترة متفرغاً للبحث دون التزام وظيفي فبدأت، أولاً، بمسح مكتبتي بحثاً عن أصول **الدولة المركزية الحديثة** التي أسسها محمَّد علي .... وبدأ النموذج يتبلور وصككت المصطلح: "**دولة التنظيم السري**". وكان أول ما نشرته على نطاق واسع مقال في جريدة "**البيان الإماراتية**" بعنوان: "**دولة القانون ودولة التنظيم السري**"، وأصبح لدي مشروع مفتوح حول الموضوع،

وخلال رحلة التتبع أن الكاتب العراقي المعروف حسن العلوي لخص تجربته مع صدام حسين بعنوان "**دولة المنظمة السرية**".

وخلال سنوات حاولت الحصول على الكتاب خلال رحلات عدة إلى بيروت، وعندما سألت عنه صديقي الإعلامي اللبنانية المرموق توفيق شومان أخبرني بأنه التقى الأستاذ حسن العلوي وسمع منه، وأن رواية مما سمعه منه أهم وأخطر من كل ما جاء في الكتاب، وهو أذن لي أن أنشر عنه ما روى. وسيأتي ذكره لاحقاً. وفي 2018 كتبت على حسابي على الفيس بوك أطلب من الأصدقاء معلومة عن الكتاب فأرسل أحدهم مشكوراً رابط تحميله (بي دي إف)، وفوراً دفعته لمكتب الكومبيوتر ليأتيني في ملف (وورد) قمن بالاختصار فيه بمنتهى الصبر حتى لا أحرم قاريء هذا الكتاب من جملة كتبها حسن العلوي، ملتزماً بألا يتجاوز الملخص 20% من أصل الكتاب احتراماً لحقوق الملكية.

وقد اقتصر عملي في الكتاب على الاختصار، والقليل جداً من التحرير، وسأضع بين يدي القاريء أولاً ما لدي بشأن الموضوع:

"**دولة المنظمة السرية**".

وبدأت الرحلة مع الفكرة

خلال عملي بجريدة "**الدستور**" المصرية كان هناك محطتان مهمتان في مسار الفكرة، كانت الأولى عندما استضافني برنامج "**شارع الكلام**" على قناة النيل الثقافية مع الدكتور مُحَمَّد مورو والدكتور كمال السعيد حبيب وكلاهما من أقرب الناس إلى قلبي، وكانت فرصة لأن نخرج من الاستديو لمقهى بوسط القاهرة وطرحت للمرة الأولى تصوري للفكرة وكان تجاوبهما جيداً، لكن الدكتور مورو سأل سؤالا مهما هو:

هل معنى هذا أن نيأس؟

وكان ردي أن الظاهرة تنطوي على مفارقة فهي في صلابة جبل الجليد بحيث يمكنها تحطيم أي سفينة تصطدم بها، وهي في الوقت نفسه، تذوب تحت آشعة الشفافية والديموقراطية، بالضبط كما يذوب جبل جليد مهما بلغت ضخامته تحت أشعة الشمس. ولاحقاً لفت نظري البعد الإبليسي في الظاهرة ذلك أن "**استمداد القوة من الخفاء**" من صفات إبليس، قال تعالى: "**إنه يراكم هو وقبيله من حيث لا ترونهم.**"

المحطة الثانية خلال عملي بـ "**الدستور**" كان مقالات عن الظاهرة كانت سبب تعرفي على المستشار أحمد مكي الذي بدوره عرفني على الدكتور حمادة حسني الباحث الأكثر أهمية في تاريخ: "**التنظيم الطليعي**" الظاهرة الأكثر انحطاطاً في تاريخ دولة التنظيم السري في مصر. وقبل الثورة بقليل عرضت فكرة إصدار كتاب عن دولة التنظيم السري على أكاديمي كان مسئولاً عن النشر بمؤسسة قومية فتحمس وقال إن أهمية الفكرة تتجاوز طبيعتها المثيرة، إنه مفهوم تحليلي جديد، وأضاف: "**أرجوك اكتب عن الظاهرة خارج مصر فقط ... فلا أريد صداعاً من رجال التنظيم الطليعي!**"

كان الأكاديمي "**الشجاع**" يقصد بذلك ظواهر مثل: أكازو (رواندا) وطريقة الأورانج (أيرلندا) ... وهكذا

وهذه الدولة السرية هي الفاعل الرئيس في الواقع السياسي المصري، منذ أكثر من مئة عام، وقد قال لي المستشار الجليل مُحَّد حامد الجمل رئيس **مجلس الدولة** المصري الأسبق إن الدكتور صوفي أبو طالب رئيس **مجلس الشعب** السابق قال له: "**لا أحد يمارس السياسة بشكل مؤثر في مصر إلا رجال التنظيم السري!**"

ودولة التنظيم السري هي في خلاصتها ذات وجهين الأول: إحساس متبجح وصفيق بالحق في الوصاية على الشعوب و"**حمايتها من نفسها**"، والثاني رفض تام لفكرة المساواة وقناعة تامة بأن "**رجال الظل**" — كما كان شعار **الأوبوس داي** الإسبانية — "**خلقوا ليكونوا سادة**."

حول مقولة: "دولة التنظيم السري"

لتتضح بعض ملامح الظاهرة التي لا يوجد بشأنها خطاب تحليلي واضح المعالم نشير إلى أنها تختلف عن "**دولة القانون**" في سمة فارقة هي أن الحقيقة فيها لا تكون في الوثائق الرسمية بل تكون أقرب إلى "**وديعة**" تُسلَّم يداً بيد في دائرة مغلقة. والنخب المغلقة هنا غالبا تكون كيانا موازيا لجهاز الدولة يتصل بهذا الجهاز من نقاط التقاء محددة تمكنه من السيطرة على الدولة، وفي الوقت نفسه البقاء منفصلاً عن جهاز الدولة، وهذه السمة تضمن لـ "**دولة التنظيم السري**" استمرارية تتجاوز تغيير النظام السياسي وقدرة على إعادة إنتاج نفسها والسيطرة على الدولة.

و"**دولة التنظيم السري**"، وبخاصة في التجربة المصرية مغرمة بـ "السيطرة" (Control) وهو ما أطلق على عمليات شهيرة كانت موضوع فضيحة كبيرة في نهاية الستينات وكان من المتورطين فيها وزير الإعلام المزمن صفوت الشريف.

ومن القصص الطريفة التي تكشف عن جذور فكرة استخدام معلومة محجوبة بهدف السيطرة السياسية ما رواه الكاتب الأمريكي ريتشارد نوكس في مشاركة له في كتاب The Book of Time يقول:

"**لاحظ الفلكيون المصريون، طيلة مئات من السنين التي سجلوا فيها الأحداث الفلكية، أن كسوف الشمس وخسوف القمر يتبعان دورة تستغرق ثمانية عشر عاماً وأحد عشر يوماً، تقريبا، لكي تكتمل .... وهذه الدورة وتسمى الساروس احتفظ كهنة المعابد الفرعونية بأسرارها ضمن سائر المعارف العملية الأخرى**".

"**ومنحتهم هذه المعرفة بالأسرار قوى مدهشة، ظاهرياً، على التنبؤ، بل على التحكم الظاهري في السموات، إذ كان بوسعهم أن يتنبأوا بأن الإله الشمس سوف يحتجب نتيجة المعاصي التي يرتكبها**

الشعب. فإذا ما حدث الكسوف أمكن الكهنة أن يبشروا باستعادة الشمس، وفق شروطهم الخاصة."!

وفي عالم السياسة المعاصرة ثمة نماذج معروفة لدولة التنظيم السري من أهمها "**إرجينيكون**" في تركيا و"**أكازو**" في رواندا و"**غلاديو**" في إيطاليا و"**طريقة الأورانج**" في أيرلندا، أمافي فرنسا فتعد السيطرة الكاسحة للمحفل الماسوني على الدولة في الجمهورية الفرنسية الثالثة (1870 – 1940) حالة مثالية لدولة التنظيم السري، حتى أنها تعرف في غير قليل من أدبيات السياسة بـ "**الجمهورية الماسونية**."

ومنذ بدأ العنف الذي يشوبه غير قليل من الغموض في حوادث عدة عقب ثورة الخامس والعشرين من يناير والحديث عن "**الطرف الثالث**" تصاعد في الخطابين الإعلامي والتحليلي، ومن الخبرات المهمة في التعامل مع ظاهرة دولة التنظيم السري أن القناعة بوجود الظاهرة كـ "**فرض نظري**" يصعب – أو يستحيل – تفسير الحوادث دون التفكير فيه هو أول الطريق نحو مواجهة "**الظاهرة الشبح**"، فالاستخفاف التام بالفرض والتعامل معه بوصفه حالة من حالات الإغراق اللاعقلاني في التفكير التآمري أو أفضل غطاء لاستمرار الظاهرة بعيداً عن الملاحقة، والمهم هو التفرقة الحاسمة بين التفكير العقلاني الموضوعي فيها وبين

الوقوع في أسر أوهامها، فدولة التنظيم السري أحد أهم مفاتيح فهم الواقع وشرط موضوعي لأي جهد حقيقي للتطلع نحو مستقبل أفضل.

وقد تكون البداية من وضع ضوابط قانونية صارمة لمنع أي مسئول – أو حتى موظف عمومي – من أن يكون له ولاء سري أيا كان!

إنهم يستمدون القوة من الخفاء

لقد عايشت هذه الفكرة معايشة لا تكاد تنقطع منذ العام 2004، ولهذه المعايشة قصة أرى أن من حق قارئه أن يعرفها، وهي ليست قصة شخصية بل أحد أهم المداخل التي تساعد على فهمه. ولكونها ليست المدخل الأهم فلن تكون أول المداخل.

1

كنت أعد مع الإعلامي المعروف، عاصم بكري فيلماً تسجيلياً لقناة **الجزيرة الوثائقية** اخترنا له اسم: "**دولة المنظمة السرية**" وقام بإخراجه وعرض في 2009، عندما قادتني قدماي إلى منزل الكاتب الإسلامي الكبير الأستاذ أحمد رائف — رحمه الله رحمة واسعة — وفي صالونه وجدت عدداً من الحضور بينهم الزميل مصطفى سليمان أحد مراسلي الموقع الإليكتروني لموقع قناة "**العربية**" على الانترنت "**العربية نت**" وقاضٍ سابق له كتابات في الفكر الإسلامي مثيرة للجدل .

كان مصطفى سليمان يحاور أحمد رائف حول تصريحاته عن "**تنظيم سري**" قال إنه يسيطر على جماعة الإخوان، وفجأة ألقى قنبلة من العيار الثقيل. وحسب رواية رائف فإنه التقى صفوت الشريف أكثر رجال نظام مبارك غموضاً على مأدبة في منزل كاتب معروف وبعد تناول الطعام بدأ المدعوون في الدردشة، فقال رائف مخاطباً صفوت الشريف: **هو حضرتك ازاي كنت عضو في النظام الخاص لجماعة الإخوان المسلمين؟**

وتكهرب الجو .. وتبودلت بينهما جمل قصيرة لا تعني النفي ولا الإثبات، لكن رائف واجه الشريف بأسماء زملائه في المجموعة. ومن

المعلومات الصادمة التي خرجت بها من تجربة هذا الوثائقي معلومة أخرى كشف عنها أهم الخبراء في تاريخ **التنظيم الطليعي** – الدكتور حمادة حسني عضو هيئة التدريس في **جامعة قناة السويس** – عندما قال لي إن المهندس خيرت الشاطر نائب مرشد **جماعة الإخوان المسلمين** كان عضواً بـ "**التنظيم الطليعي**" السري. وهو حسب وصف أحد المستقيلين حديثاً من الإخوان، فإنه ليس فقط نائب المرشد العام للجماعة بل الرجل الحديدي الذي يستطيع إقناع أعضاء مكتب الإرشاد بأن الشمس تشرق من الغرب!!

وفي حوار له كشف وزير التعليم السابق أحمد جمال الدين موسى أنه كان زميلاً لخيرت الشاطر في "**المعهد الاشتراكي**" (جريدة المصري اليوم – حوار: محمّد السيد صالح وشيماء عادل – ١٩ / ٨ / ٢٠١١)، والمعهد أحد أهم مدارس إعداد الكوادر لنظام عبد الناصر. وعدت بالذاكرة سنوات إلى معلومة تشير إلى أن شركة من شركات الإخوان التي كانت موضوع قضية شهيرة وكان للشاطر صلة وثيقة بها كان من أهم العقود التي أبرمتها عقد مع جهة سيادية حساسة!

2

"الحكم على شيء فرع عن تصوره" قاعدة ذهبية في علم أصول الفقه، ومنها يمكن أن نشتق "إصلاح شيء فرع عن تصوره" فلا أمل في إصلاح سياسي في العالم العربي دون معرفة بالـ "شيئ" الذي نصلحه، وعبر تجربة حكم نخب التحرر الوطني تبلور نموذج سياسي لخص المفكر الإسلامي المرموق الدكتور أبو يعرب المرزوقي أهم سماته في تعبير "التحديث الاستبدادي والبهائية المتخفية: فرق ترى في الإسلام والعروبة مصدر للتخلف وفي الاندماج بحضارة الغرب حلاً" (جريدة القدس العربي اللندنية – 28 /10 /1999) حيث دخل الثوريون العرب تجربة "إصلاح" – أو تحطيم – الشعوب بدلاً من إصلاح الدولة وذلك حتى يصبح المواطنون متوافقين مع شكل للدولة معد ومستورد من أوروبا هو خليط تلفيقي من النموذجين الفرنسي والألماني للدولة القومية.

مقال الدكتور أبو يعرب المرزوقي كان في سياق الرد على كتاب عنوانه: "الإسلام والحرية، سوء التفاهم التاريخي" (باريس، دار **Alhin**

Michl، 1998)، وفيه يقول عن فريقين أحدهما شمال البحر المتوسط والآخر جنوبه: "... فكلاهما جعل الدين الإسلامي والمؤسسات الرمزية واللغة العربية وأمصار الحضارة العربية عامة ومصر بالخصوص موضع حقد لم أر له مثيلاً، فهم يصبون جام غضبهم ... على هذه الرموز بصورة لم يجرؤ عليها أكثر أعداء الأمة سلاطة ووقاحة".

"والمعلوم ان كلتا الفرقتين تعادي الإسلام والعروبة متدرعة بالدعوة إلى الحداثة والإصلاح، لكان أصحابهما ينفون عن غيرهم الدراية بالحضارة الغربية التي يحصروها في قشورها لجهرهم المخجل بأهم مقوماتها. وقد اشتهرت كلتا الفرقتين بالحط النفسي من كل الرموز والأصول لتيسير الانبتات، فالاندماج في ما يقدمونه بديلاً مما يعتبرونه مصدر التخلف: الانبعاث الإسلامي والوحدة العربية. ويتصدون للأول بالهجوم على الزيتونة والأزهر قلبي تونس ومصر النابضين واساسي انتعاشهم الحضاري والروحي. ويحاربون الثانية بالحيلولة دون إحياء اللغة العربية ومنعها من استعادة منزلتها التي افتكتها منها الفرنسية داعين إلى الاندماج في حضارة المستعمر".

ويتحدث المرزوقي عن المدسة التي ينتمي إليه مؤلف الكتاب المشار إليه: "ولا ريب أن له، كذلك، مثل أصحاب هذه النزعة، نفس التصور

الساذج لتاريخ الفكر، سواء كان هذا التاريخ عربيا إسلامياً أو غربياً، ونفس الفلسفة التاريخية إذا صح وصف نظرتهم السطحية والمانوية لتطور الحضارات الإنسانية هذا الوصف. وأخيرًا فانه يقاسمهما نفس الموقف الهجائي إزاء الثقافة العربية والإسلام وخاصة إزاء المؤسسات والنخب الدينية في تونس ومصر بالذات، لكوّنها، حسب رأيهم، مصدر البلاء كله، ربما لإسهامها بعض الإسهام في تخليص المغرب العربي من الاندماج في فرنسا. أما الشعب الذي يكثرون من التودد إليه فهم يحتقرونه. لكونه يقزز رهافة حسهم الحديث!".

درس رواندي

غير أن الدولة التي بدأت — أو حاولت أن تبدو — دولة قانون تحديثية في نطاق جغرافي واسع لم يقتصر على العالم العربي، سقطت أقنعتها فإذا هي دولة تنظيم سري أكثر همجية وبربرية مما يذهب الخيال، والصدمة الأولى لم تكن عربية بل كشف عنها سقوط نظام حكم الرئيس الرواندي جوفنال هابيريمانا بنهاية الحرب الأهلية الرواندية (1994) فالسقوط غير المتوقع للنظام لم يتح فرصة للتخلص التام من وثائقه وحمل

الكشف عنها مفاجأة كانت القوى الأوروبية المتحالفة معه تعرفها وتشاركه التستر عليها.

فالرئيس الرواندي السابق هابيريمانا كان مرتبطاً بعلاقات وثيقة مع العائلة المالكة البلجيكية وفرنسا واستنادًا إلى دعمهما المطلق تحوَّل إلى الرئيس/ الملك ورغم هذا فإن القوة الحقيقية كانت تكمن في يد زوجته أجاسي التي كان الروانديون يلقبوتها باسم شخصية رهيبة من تاريخ بلادهم وقد أحاطت نفسها بمجموعة من **"متحجري القلوب"** وكونت مافيا شديدة الإحكام سميت: **"أكازو"** أي حكم القلة. وحسب أحد المنشقين على هذه المافيا ذات الخطاب الثوري فإنهم تعاملوا مع الدولة كشركة خاصة يحق لهم أن ينتفعوا منها قد ما يستطيعون، أما الرئيس وقادة **"الحركة الثورية الحاكمة"** فوقعوا في شباك هذه المافيا.

ولم تكن هذه المافيا السرية من صناعة العقلية الشعبية التي تبحث عن الغامض والسري والمثير بل أشارت إلى وجودها تقارير رسمية من بينها تقرير جوهان سويفن سفير بلجيكا (1992) في رواندا الذي جاء فيه أن هذه الجماعة السرية تخطط لإبادة التوتسي. ولم تكن السرية مقصورة على رواند القابعة في قلب أحراش أفريقيا ففي فرنسا التي كانت تدعم هذه المافيا السرية استصدرت قرارات رسمية بمضاعفة المساعدات

الفرنسية لرواندا ثلاثة أضعاف وبقيت القرارات التي تخص رواندا سراً حتى تظل فرنسا غير مسئولة عن جريمتها. وعندما اغتيل الرئيس هابيريمانا كانت السيدة أجاسي على أول طائرة فرنسية تقلع من مطار العاصمة حيث تعيش في شقة فاخرة بباريس!!!!

وقد تصورت عندما كتبت عن الظاهرة لأول مرة مجتهدا في صوغ تعبير: **"دولة التنظيم السري"** أنني أدخل باباً غير مسبوق، غير أن حواراً مع الروائي العراقي المعروف محيي الأشيقر كشف لي عن عمل مهم في هذا السياق هو كتاب المفكر العراقي حسن العلوي: **"دولة المنظمة السرية"**. وما كشف عنه كتاب العلوي ووثائق النظام الرواندي السابق أن القضية تتجاوز المنطق التآمري والهوس بالسرية والغموض اللذان يرفعان في وجه من يحاولون لفت النظر للأهمية الجدية لطبيعة السرية للممارسة للسياسة العربية خلال نصف القرن الماضي.

وقضية السرية تعيد للذاكرة أسماء مثل: **"جماعة تركيا الفتاة"** في تركيا و**"تنظيم العروة الوثقى"** الذي أسسه جمال الدين الأفغاني وكانت باريس محطة مهمة في مساره، و**"جماعة الكتاب الأحمر"** في الشام والعراق، و**"التنظيم الطليعي"** في مصر، وكذا الأدوار الحاسمة التي قامت بها أقليات في التاريخ العربي الحديث، وفي هذه الحالات جميعاً نحن أمام

عملية "**ترانسفير**" للسياسة من الجهاز الإداري للدولة إلى بنى سياسية موازية تتسم بالغموض وتمسك بخيوط القرار السياسي عبر آليات خفية.

وإذا كانت الحقائق في دولة القانون توجد في الوثائق — أو هكذا ينبغي أن يكون — فإنها في دولة التنظيم السري تكون ملك أشخاص وهنا تغيب الوثيقة والحقيقة معاً، ومن يتابع المناقشات التي تشهدها دول عربية عديدة حول الوثائق الرسمية وقلتها وصعوبة الوصول إلى القليل الموجود منها يدرك أن "**تغييب الحقائق**" أصبحت ثقافة عامة وأن التعليمات الشفوية والتفاهمات الضمنية قد حلت محل الإجراءات القانونية التي هي أول معالم دولة القانون.

والازدواج في دولة التنظيم السري يتجاوز البنى السياسية إلى الأجندات السياسية، ففي ظل نظام شمولي لا مكان فيه لمعارضة أو مساءلة كالنظام البعثي أو الناصري لا معنى لدولة التنظيم السري إلا أن تكون هناك أجندة سياسية لا يمكن إعلانها، ومن ثم تصبح عملية "**الترانسفير**" من المعلن إلى السري ضرورة. وتبقى الحقيقة/ الوديعة تنتقل على نحو ما كان يحدث في تقاليد الكهانة الفرعونية.

وقد كشفت وثائق مخابراتية رفع عنها حجاب السرية قبل سنوات أن أجهزة المخابرات الغربية استخدمت رواية: "**دكتور زيفاجو**"

الشهيرة للروائي الروسي بوريس باسترناك سلاحاً في الحرب الباردة على نحو واسع وترجمتها ونشرتها على أوسع نطاق لكشف الطبيعة الدموية للنظام السوفيتي البائد، وفي ضوء هذه الحقيقة وتجارب أخرى مماثلة، فينبغي الانتباه لدلالات الانتشار الواسع لرواية "**شيفرة دافينشي**" لدان براون، وهي مما يطلق عليه البعض "**رواية مصنعة**"، فمحتواها التاريخي صحيح وهو نتاج جهود عشرات الباحثين، وبالتالي فهي عمل تأريخي في قالب روائي، والرواية تحكي قصة الصراع بين محافل سرية أوروبية والتأثير الكبير لهذه المحافل في التاريخ الأوروبي، ومن ثم فإن توقيت النشر والضجة الصاخبة التي أثارها النشر، قد تكون محملة برسالة للشعوب العربية لوضع خط يفصل بصرامة بين "**السرية اللاعقلانية**" التي تمتلئ بها الثقافات الشعبية شرقاً وغرباً وبين "**دولة التنظيم السري**" التي يبدو أنها ينبغي أن تشغل العقل التحليلي العربي، إن كان حقاً مشغولاً بقضية الإصلاح.

3

من كهنة الفراعنة إلى الكهنة الجدد من رجال دولة التنظيم السري تغيرت الوسائل ولم يتغير الأهداف، فالسيطرة على التغير بأي ثمن وبأية وسيلة تظل الهدف الأكثر قداسة عند اليد الخفية أيا كان اسمها أو شكلها التنظيمي بحيث تصبح قادرة على صنع التغير ومنع التغيير. و**"التغير"** و**"التغيير"** مصطلحان بينهما من الناحية الإملاء (الشكل) حرف واحد وبينهما من ناحية المعنى (المضمون) فرق كبير، فالتغير تحول تلقائي وفق قوانين داخلية يمكن القول إنها سنن كونية لو تركت المجتمعات البشرية فستنتقل وفقا لها من طور إلى آخر من أطوار التحول الاجتماعي. أما التغيير فعمل مخطط سلفاً لتحقيق غايات معدة مسبقاً، وقد ارتبط مفهوم التغيير أولاً بظهور **"الدولة القومية"** كشكل للتنظيم السياسي، ويعتبر المؤرخون **"صلح وستفاليا"** (1648) لحظة ميلادها الحقيقية، لكن ميلاد الدولة القومية أدى ــ من ناحية أخرى ــ إلى ميلاد ظاهرة أخرى هي النزوع المتزايد إلى التحكم في العوامل الحاكمة لعملية **"التغير"** ليحل محلها **"التغيير."**

ومن أهم نماذج هذا النزوع ما يرويه الأكاديمي الأمريكي والتر ج. أونج في كتابه **"الشفاهية والكتابية"** يقول حرفياً: "ليس ثمة من

عمل يتناول التفكير الإجرائي أكثر فائدة للدراسة الراهنة من كتاب أ. ر. لوريا (التطور المعرفي: أسسه الثقافية والاجتماعية) (1967) فبناء على إيحاء من عالم النفس السوفيتي الفذ ليف فيجوتسكي، قام لوريا ببحث ميداني واسع على أشخاص أميين (أي شفاهيين) وأشخاص كتابيين إلى حد ما في المناطق البعيدة من أوزبكستان (مسقط رأس ابن سينا) وقيرغيزيا في الاتحاد السوفيتي خلال العامين 1931 – 1932. ولم ينشر كتاب لوريا في طبعته الروسية الأصلية إلا سنة 1974، أي بعد أن اكتمل البحث باثنتين وأربعين سنة."

فلماذا تبقى نتائج دراسة من هذا النوع محجوبة كل هذه السنوات؟!!

4

من الأعمال المهمة لروائي نوبل نجيب محفوظ مجموعة قصصية ممتعة عنوانها: **"التنظيم السري"** وفي ثناياها الكثير من سمات رجال التنظيمات السرية، فضلاً عن جانب غير قليل من تقاليدها. نجيب محفوظ يرسم أيضا صورة للأجواء الأسطورية والأفكار الغيبية التي تنطوي عليها أدبيات التنظيمات السرية، وهي سمة لا تختلف بين التنظيمات العلمانية والدينية. يقول محفوظ على لسان زعيم التنظيم السري: **"أرحب بكم في أسرتنا التي جمعتنا على الخير، هي التي أخرجتنا من العبودية وطهرتنا من عبادة الأصنام، فلنجعل من الكمال زينتنا، ومن الحب رابطتنا ومن الطاعة شعارنا، ولنعمل في نطاق ما نعرف ولا نسأل عما لا نعرف، واحذروا فلا خطأ يمر بلا عقاب"**. وفي إطار الطبيعة الحديدية للتنظيم — حسب قصة التنظيم السري لنجيب محفوظ — واصفاً طبيعة العلاقة مع الرئيس الأعلى للتنظيم: **"تتسلل إلينا أوامره من مثواه المجهول عبر مندوبين مجهولين كذلك.."**

"هذا ما تطوعنا فيه بدافع تلك الرغبة الجنونية المقدسة في تغيير الكون. حسبنا أن نؤمن بأننا ضمن الصفوة المختارة."

وفي القصة التي تحمل العنوان نفسه يقول واصفاً هذه الأجواء على لسان أحد شخصياتها: **"ومر بي نهار لم يمر بي مثله في**

حياتي. كمن يبدل لحمه وخلاياه وروحه. كمن يولد في دنيا جديدة ذات قوانين جديدة. كمن يودع الطمأنينة واللامبالاة ليستقبل المغامرة والموت. لم يبق لي من الماضي إلا الاسم، وحتى هذا سرعان ما تغير وفي المساء انعقد أول اجتماع للأسرة في بيت صغير بمصر القديمة. كنا خمسة، وعلى رأسنا الصديق القديم المرموز له بـ "أ". ولم لا؟ لقد أصبحنا رموزاً لتحقيق أهداف."

وبهذه الرموز وفكرة الميلاد الجديد تستعير التنظيمات السرية دور الطقوس من الأديان لتضفى القداسة على عضويتها وتحقق للباحثين عن الإثارة والإحساس بالأهمية الاستثنائية أهدافهم، ويصبح رجالها مجرد "رموز"!

بهذا لخص الأديب الكبير نجيب محفوظ أحد أهم ملامح رجال دولة التنظيم السري في مجموعته القصصية **"التنظيم السري"**، وبعد رجال الظل لا يكون هدفهم التغيير بل السيطرة ومنع التغيير، لكن الإحساس المبالغ فيه بالنخبوية مشترك عام بين رجال التنظيمات السرية جميعاً. وهذا المشترك العام يشير إلى قضية مهمة هي قضية ما يطلق عليه المفكر العربي الإسلامي الدكتور عبد الوهاب المسيري **"الاستعارة المجازية الكبرى"** التي تلخص الظواهر الكبرى، فمثلاً مع إعادة بعث صورة الإله

في فكر أرسطو بوصفه إلهاً لا إرادة له في الحقيقة أصبح الكون يشار إليه بوصفه ساعة سويسرية لا تحتاج إلى من يدفعها.

وإلى جانب الاستعارة المجازية هناك أيضاً مفهوم "الأسوة"، فبينما تجعل الأديان الأنبياء أسوة ومثلاً أعلى **"لقد كان لكم في رسول الله أسوة حسنة"**، اختار رجال دولة التنظيم السري أن يكون إبليس أسوتهم كونه يستمد القوة من الخفاء قال تعالى: **"إِنَّهُ يَرَاكُمْ هُوَ وَقَبِيلُهُ مِنْ حَيْثُ لا تَرَوْنَهُمْ ."**

وثمة مشاهد مختارة من تاريخ ما وراء التاريخ يمكننا الوقوف أمامها قبل أن نقرأ شهادة المفكر العراقي حسن العلوي.

من تاريخ الماسونية في مصر قبل الحملة الفرنسية

لا يكاد يوجد في الكتابات التي تؤرخ للمحافل الماسونية في مصر ما يؤكد أن الماسونية في مصر كان لها وجود تنظيمي ممتد قبل الحملة الفرنسية على مصر (1798 – 1801)، لكن ثمة شواهد محدودة على أنها كانت موجودة قبل هذا التاريخ، ويشير الباحث وائل إبراهيم الدسوقي المتخصص في الماسونية – في كتابه القيم: "**الماسونية والماسون في مصر – 1798 /1801**)" – إلى وجود لوحتين ربما كانتا من هذه الشواهد. إحدى اللوحتين موجودة في دير الأنبا رويس في المقر الرئيس لبطريركية الأقباط الأرثوذكس بالعباسية رسمها فنان مصري مسيحي هو إيزاك فانوس وتعتبر من شواهد وجود الماسونية في مصر قبل الحملة الفرنسية. اللوحة ملونة حجمها 120 سم طولاً و40 سنتيمتر عرضاً ومكتوب تحتها بالقبطية: "**الأب باخوم أبو الديرية**" (292 م –

347م)، وهو فيها يمسك بيمناه لفافة يمكن التخمين بأنها كلمات من **الكتاب المقدس**، ويمسك بيسراه الزاوية والفرجار، وهما ليسا من رموز المسيحية في أي عصر من العصور، بل هما من رموز الماسونية، ما يثير التساؤلات بشأن وجود الماسونية في هذا الوقت المبكر في مصر. اللوحة الثانية هي للفنان نفسه ومعلقة في كنيسة العذراء للأقباط الأرثوذكس المصريين بمدينة لوس أنجلوس الأمريكية، وتصور الأب كيرلس بطريرك الإسكندرية (384م – 412م) وهو يتكئ على عامود قصير من الطراز الروماني، وهو تقليد غير متبع في تصوير القديسين بالفن المسيحي، لكنه متبع في تصوير الأساتذة العظام في الماسونية، حيث العامود رمز مهم من رموزها. ويستنتج الباحث وائل إبراهيم الدسوقي من أنهما بريشة فنان واحد أن تكون ماسونيته هي سبب رسم هاتين الشخصيتين القبطيتين بهذا الشكل.

رحلة شبتاي تسفي

تعد رحلة شبتاي تسفي المسيح الدجال الذي أصبح مؤسساً لأحد أهم الطوائف اليهودية في التاريخ الحديث أكثر الفصول إثارة في تاريخ الماسونية في مصر قبل الحملة الفرنسية. وُلد شبتاي نسفي في

مدينة أزمير التركية لأسرة يهودية إشكنازية تشتغل بالتجارة. تلقى تسفي تعليماً دينياً تقليدياً، فدرس التوراة والتلمود، لكنه استغرق في دراسة التصوف اليهودي "القبّالاه". وتتزامن الفترة التي وُلد ونشأ فيها تسفي مع بداية تعاظم نفوذ الرأسمالية البريطانية والهولندية (البروتستانتية)، وبدايات مشروعهما الاستعماري العالمي، وبداية حلولهما محل المشروع الاستعماري الإسباني والبرتغالي (الكاثوليكي). كان أبوه مندوباً لشركتين تجاريتين: إحداهما بريطانية والأخرى هولندية.

وقد شهد عام 1648 حدثين من أخطر الأحداث في تاريخ الجماعات اليهودية في الغرب: أولهما انتهاء حرب الثلاثين عاماً (1618 – 1648)، وهي حرب استفاد منها أعضاء النخبة من يهود البلاط، وعانت منها الجماهير اليهودية أيما معاناة. وبرغم استفادة أثرياء اليهود، فإن نهاية الحرب نفسها كانت بداية تدهور الشبكة التجارية اليهودية العالمية، وتَدنِّي وضع النخبة اليهودية بسبب تصاعد عملية تَرَكُّز السلطة في يد الدولة القومية المركزية الذي أدَّى إلى الاستغناء عن الدور التجاري المميز لليهود.

وشهدت هذه الفترة إرهاصات الفكر الصهيوني بين المسيحيين في إنجلترا، وبداية الاهتمام باليهود، واسترجاعهم كشرط أساسي

للخلاص. وكانت هناك نبوءة تسري في الأوساط المسيحية (البروتستانتية الصهيونية في إنجلترا وبعض فرق المنشقين المسيحيين في روسيا) بأن عام 1666 هو بداية العصر الألفي الذي سيتحقق فيه استرجاع اليهود لفلسطين. وفي هذا الجو من الإحباط والثورات والتردي الحضاري والاقتصادي، حققت القبّالاه انتشاراً غير عادي، ومن العوامل الأخرى الأساسية التي هيأت الجو لانفجار الأفكار المتصلة بعودة المسيح، انتشار يهود إسبانيا المتخفين "**المارانو**" في كثير من موانئ البحر الأبيض المتوسط والمدن التجارية، فقد كانوا يحملون فكراً صوفياً يهودياً، كما أنهم كانوا يعانون الضيق بعد أن شهدوا أيامهم الذهبية في الأندلس وإسبانيا المسيحية، وكانوا يعيشون أيضاً خارج نطاق السلطة وبعيداً عن مراكز صُنع القرّار، الأمر الذي جعل من العسير عليهم تَقبُّل الوضع القائم. وفي الواقع، فإن كل هذا قد هيأ الجو لتصاعُد حمى انتظار **عودة المسيح**، وقامت أعداد كبيرة من اليهود بالإعداد لوصوله وبدأت الإشاعات تنتشر عن جيش يهودي جرار يجرى إعداده في الجزيرة العربية ليخرج منها ويفتح فلسطين.

الطريق إلى أورشليم

في هذا المناخ، ظهر شبتاي تسفي. ويبدو أن حياته النفسية لم تكن سوية، فقد كان محباً للعزلة، كثير الاغتسال والتعطر، حتى أن أصدقاءه الشبان كانوا يعرفونه برائحته الزكية. وكان يظهر عليه ما يُسمَّى في علم النفس بالسيكلوثاميا، وهي حالة نشاط وهيجان بالغين يعقبهما انقباض وقنوط، وقد صاحبته هذه الحالة حتى الأيام الأخيرة من حياته. وكثيراً ما كان شبتاي يتغنى بالأشعار وينشد المزامير في حالة نشاطه. وحيث إنه تلقى تعليماً دينياً تلمودياً كاملاً، فلم يتهمه أحداً قط بالجهل. تزوج شبتاي فتاة بولندية يهودية حسناء يبدو أنها كانت سيئة السمعة. ويقال إنها كانت عاهرة وكانت تدعي أنها لن تتزوج إلا "المسيح"، ولذا فإن الإله أعطاها رخصة أن تعاشر من تشاء جنسياً إلى أن يظهر المسيح ويتزوجها. وقد قابل تسفي سارة في القاهرة. وقام تسفي بخرق الشريعة عامداً عام 1648، فأعلن أنه المسيح، ونطق باسم يهوه (الأمر الذي تحرمه الشريعة اليهودية)، وأعلن بطلان سائر النواميس والشريعة المكتوبة والشفوية. ولتأكيد مسيحانيته، طلب أن تُزَفَّ التوراة إليه، فهي عروس الإله.

وقد رفض الحاخامات الاعتراف به، فطُرد من أزمير وتنقل في الأعوام العشرة التالية في مدن اليونان وقضى بضعة أشهر في إستنبول.

وقام بخرق الشريعة مرة أخرى إذ نظم أدعية أو ابتهالات تتلى في الصلوات للإله ليحلل ما حرم. وحينما زار القاهرة، انضم إلى حلقة من دارسي القبَّالاه كان من أعضائها رئيس الجماعة اليهودية، روفائيل يوسف جلبي، مدير خزانة الدولة. ثم رحل إلى فلسطين عام 1662. وقد بشَّر به اليهودي الإشكنازي نيثان الغزاوي عام 1664، على أنه الماشيَّح الصادق الموعود، وأنه ليس مجرد المسيح ابن يوسف، وإنما هو المسيح بن داود نفسه. وأعلن نيثان أنه هو نفسه النبي المرسل من هذا المسيح، وكتب عدة رسائل لأعضاء الجماعات اليهودية يخبرهم فيها بمقدم المسيح الذي سيستولى على العرش العثماني ويخلع السلطان، هي من الأفكار الأساسية في "**القبَّالاه**".

دخل شبتاي القدس في مايو عام 1665، وأعلن أنه المتصرف الوحيد في مصير العالم كله، وركب فرساً (كما هو متوقع من المسيح) وطاف مدينة القدس سبع مرات هو وأتباعه، وقد عارضه الحاخامات وأخرجوه من المدينة. ولكن تسفي أعلن عام 1666 أنه سيذهب إلى تركيا ويخلع السلطان. وقد زاد ذلك حدة الحماس الديني بين يهود أوربا. وقد وصلت الأنباء إلى لندن وأمستردام وهامبورج. وصارت الجماهير اليهودية تحمل بيارق المسيح في بولندا وروسيا.

وما يجدر ذكره أن أهم مؤسسة يهودية في العالم آنذاك "**مجلس البلاد الأربعة**" اكتسحتها هذه الحمى فأرسلت مندوبين عنها للحديث معه والاعتراف به (ولم تصدر قراراً بطرده إلا عام 1670). بل إن بعض الأوساط المسيحية بدأت تؤمن بأن تسفي سيُتوج ملكاً على فلسطين. وحينما حاول حاخامات أمستردام الاعتراض على رسائل تسفي وما جاء فيها، كادت الجماهير تفتك بهم. ووصل الأمر حد أن بعض الأثرياء باعوا كل ما يملكونه استعداداً للعودة، واستأجروا سفناً لتنقل الفقرّاء إلى فلسطين، واعتقد البعض الآخر أنهم سيُحملون إلى القدس على السحاب. وسيطرت الهستريا على الجماهير، فكان أتباعه يُغشَى عليهم ويرونه في رؤاهم ملكاً متوجاً. وانقسم كثير من الجماعات اليهودية بصورة حادة.

وقد سمى الحاخامات أتباع تسفي بـ "**الكفار**" لكن تسفي تمادى في دوره، وبدأ في توزيع الممالك على أتباعه، وألغى الدعاء للخليفة العثماني الذي كان يتلى في المعبد اليهودي، ووضع بدلاً من ذلك الدعاء له هو نفسه كملك على اليهود ومخلِّص لهم. وأخذ تسفي يضفي على نفسه ألقاباً يوقع بها رسائله. ومن هذه الألقاب:

"ابن الإله البكر"

و"أبوكم يسرائيل"

و"أنا الرب إلهكم شبتاي تسفي"

وتوجه تسفي إلى إستنبول في فبراير عام 1666 حيث قبض عليه. ويبدو أن السلطات العثمانية لم تكن تريد أية مواجهات مع أتباعه، ولذلك تم سجنه في قلعة جاليبولي المخصصة للشخصيات المهمة. وقد تحول السجن بالتدريج إلى بلاط ملكي لشبتاي تسفي، فكان يحتفظ بعدد كبير من الحريم. وكان "الحجاج" يأتونه من كل بقاع الأرض، وكتبت الأناشيد الدينية تسبيحاً بحمده، وأُعلنت أعياد جديدة وطقوس جديدة. وفي سبتمبر من ذلك العام، جاء الحاخام القبالي نحميا من بولندا لزيارة شبتاي تسقي، وقضى ثلاثة أيام في الحديث معه رفض بعدها دعواه بأنه المسيح، بل أخبر السلطات التركية بأنه يحرض على الفتنة، فقُدم للمحاكمة فأشهر إسلامه وتعلَّم العربية والتركية ودرس القرآن. وأسلمت زوجته من بعده، ثم حذا حذوه كثير من أتباعه الذين أصبح يُطلَق عليهم اسم "دونمه". لكنه، مع هذا، لم يقطع الأمل في أن يستمر في قيادة حركته، وظل كثير من أتباعه على إيمانهم به، لأن المسيح في التصور القبَّالي. وقد نقل العثمانيون تسفي في نهاية الأمر إلى ألبانيا حيث مات بوباء الكوليرا عام 1676.

وفي زيارته للقاهرة تعرف شبتاي على اليهودي روفائيل يوسف جلبي الذي كان مديراً للخزانة المصرية ورئيساً للطائفة اليهودية في مصر. وقد آمن جلبي بشبتاي وأغدق عليه الأموال. ثم ذهب شبتاي إلى فلسطين وبعد أن قضى هناك فترة قصيرة عاد إلى القاهرة وتزوج سارة التي كانت تزعم أنها "**خلاص اليهود**"، وقد تعرفا على يهودي ألماني اسمه ناتان بنيامين هاليفي زودهما بوثيقة تؤكد أن شبتاي هو المسيح المنتظر. وقد انتهى الأمر بإهدار دم ناتان وشبتاي، لكن أحداً لم يجرؤ على الاقتراب منهما بسبب كثرة مريدي شبتاي تسفي الذين عرفوا لاحقاً باسم: "**الدونمة**". وعندئذ جرؤ تسفي على إعلان أيديولوجيته الحقيقية وتمثلت في تقسيم العالم حسب "**التعاليم الجديدة**" إلى ثمان وثلاثين منطقة وعين لكل منها حاكماً "**ملكاً**" وهذا التقسيم في الحقيقة هو تقسيم الماسونية للعالم.

دولة الدونمة الخفية

وفرقة الدونمة التي أسسها شبتاي تسفي من الفرق الباطنية المثيرة للإهتمام، ونشأت على أساس من الفكرة المسيحانية في اليهودية، وظهرت الفرقة في تركيا في القرن السابع عشر الميلادي، وأعضاؤها

يعتبرون أنفسهم مجموعة مختارة متميزة وتابعوا تسفي في تظاهره بالإسلام. وفي منتصف ثمانينات القرن السابع عشر الميلادي، أظهر ما يقارب ثلاثمائة عائلة من أتباع شبتاي إسلامها في سالونيك – اليونان، ثم هاجر أكثر من كان في تركيا منهم إليها، فأصبحت سالونيك منذئذ المركز الرئيس لهذه الفرقة. وعقيدة الدونمة واحدة من أغرب العقائد ووجه الغرابة فيها أن أتباعها التزموا ظاهرًا واختيارًا بالشعائر الإسلامية التي لا يؤمنون بها، وآمنوا باطنا بمعتقدات يعتقدونها ولا يظهرونها للناس، وهم رغم التزامهم الظاهري بالمعتقدات الإسلامية فإنهم يمقتون الإسلام. وقد ظلت عقائد الدونمة ردحًا طويلاً من الزمن سرًا من الأسرار لا يعرفها إلا هم، وبقي الناس لا يميزون بين الدونمة وبين غيرهم من المسلمين، وكيف يميزونهم وهم يؤدون ما يؤديه المسلمون ويتسمّون بما يتسمّون به من أسماء. وقد بقي الدونمة 250 سنة يعيشون خلف جدار سميك في معزل عن الناس في مجتمعهم في سالونيك. وطوروا عقيدتهم من خلال حياتهم السرية، وعن طريق تقاليدهم الخاصة وأعرافهم الدينية الغريبة، وبطريقة سرية تمامًا. ولم تبدأ أسرار هذه الفرقة تنكشف إلا في بداية القرن العشرين.

وحسب ما ذكره شبتاي لأحد الحاخامات، قبيل وفاته بسنتين، فإنه في أحد الليالي من عام 1648 هبط عليه "**الروح القدس**" عندما كان يتمشى في الليل، على بعد ساعتين من المدينة، حيث سمع صوت الله يقول له: "**أنت مخلّص إسرائيل، أنت المسيح، ابن داود المختار من قبل رب يعقوب، وأنت المقدّر لك إنقاذ إسرائيل وجمعهم من أركان الأرض الأربعة إلى أورشليم ..!!!**"

ومع مجيء الحملة الفرنسية على مصر في 1798 كان من الأشياء التي حرص نابليون على القيام بها تأسيس محفل ماسوني في القاهرة في أغسطس من العام نفسه. المحفل رأسه الجنرال الفرنسي جان باتيست كليبر — خليفة نابليون في قيادة الحملة فيما بعد — وكان أعضاؤه ضبط فرنسيون ماسون اختارهم كليبر، وكان بين أعضائه يهود ولا يستبعد وجود مصريين. كان المحفل يحمل اسم **إيزيس** المعبودة الفرعونية الشهيرة واستلهم أسطورتها الشهيرة، وكان أعضاء المحفل يجتمعون في **معبد ممفيس** الذي كان كهنة إيزيس يجتمعون فيه ويعتبرونه مدرسة للحكمة ومعرفة الأسرار. وفي فترة لاحقة أصبح مؤكدًا وجود مصريين في المحفل بينهم كثير من وجهاء القاهرة والعمد المختارين، وكان هؤلاء — حسب الماسوني الشهير شاهين مكاريوس — أول الماسون المصريين. وحسب

مكاريوس أيضا كان نابليون يؤسس المحافل الماسونية حيث ذهب لمد نفوذه. وبمقتل كليبر عام 1800 توقفت أعمال المحفل وانحلت عراه. وهناك من الباحثين من يرجح أن إشراك مصريين في هذا المحفل نوع من الاستخبارات العسكرية.!!

من الكواكبي والأفغاني حتى عفلق

لا يجادل أحد في أن الأشكال التنظيمية السياسية الغربية التقليدية ما زالت إلى حد بعيد ضيفاً جديداً على ثقافتنا السياسية التي خرجت من ميراث العهد العثماني تتنازعها أشكال التنظيم القديمة ودعوات الإصلاح السياسي التي تستلهم التجربة الغربية. لكن العهد العثماني قبل أن يودعنا كان قد ترك في تربة السياسة العربية بذرة لم تزل تثمر حتى الآن هي **"التنظيمات السرية"** وكثير من هذه التنظيمات بدأ دعوة للإصلاح تهرب من القمع الأمني للدولة العثمانية وبعضه جاء استلهاما لتجربة المحافل الماسونية في الغرب وكثير منها قام بالدور الرئيس في بناء الدولة الوطنية الحديثة في بلادها وأشهرها دور المحفل الماسوني الإيطالي في تأسيس الدولة ودور المحفل الماسوني الفرنسي في الثورة الفرنسية.

مؤتمر أم القرى

من الأدبيات المهمة في تاريخ حركة الإصلاح العربية كتاب: "أم القرى" لعبد الرحمن الكواكبي الصادر عام 1898. واختار الكواكبي لدعوته الإصلاحية صوره مؤتمر عالمي للإصلاح شارك فيه أشخاص من عدة دول بالعالم الإسلامي. ومباحث كتاب الكواكبي مداخلات ومناقشات قدمها المشاركون في اجتماع دعا إليه **"السيد الفراتي"** ويفترض أنه الكواكبي نفسه. والاجتماع تم في دار استأجرها كما يقول في حي متطرف في مكة **"باسم بواب داغستاني روسي لتكون مصونة من التعرض، رعاية للاحتياط"**، وهذه الرغبة في التحوط والتخفي أصبحت سمة من سمات الواقع السياسي العربي حتى الآن. ومن الأمور المثيرة التي تستحق التوقف حالة من الغموض حول ما إذا كان الاجتماع حقيقياً أم خيالياً، وبالتالي هل هو تنظيم سري أنشأه الكواكبي ولم يكشف عنه؟

ويعبر الباحث المعروف الدكتور وجيه كوثراني عن هذا الغموض قائلاً: **"وسواء كان هذا الاجتماع ومذكراته هي من تأليف الكواكبي وتصوراته، عندما كتب مخطوطته وهو في حلب (كما يرجح الباحثون)**

أو كان قد جرى في مكة فعلاً كما توحي واقعية الوصف فإنّ النص يملك دلالات واقعية".

والحضور جميعاً مذكورون بأسماء كودية وهم وفقاً للتعداد الوارد في النص:

الفاضل الشامي

البليغ القدسي

الكامل الإسكندري

العلاّمة المصري

المحدث اليمني

الحافظ البصري

العالم النجدي

المحقق المدني

الأستاذ المكي

الحكيم التونسي

المرشد الفاسي

السعيد الإنكليزي

المولى الرومي

الرياضي الكردي

المجتهد التبريزي

العارف التتاري

الخطيب القازاني

المدقق التركي

الفقيه الأفغاني

الصاحب الهندي

الشيخ السندي

الإمام الضني.

وتعكس مداولات الحضور سمة لم تتغير حتى هذه اللحظة في رؤية "**رجال الظل**" في الواقع السياسي العربي، وأعني بها الرغبة في التحالف مع السلطة لفرض التغيير من أعلى، ويعيدنا هذا إلى مقولة المفكر التونسي المرموق أبي يعرب المرزوقي عن "**البهائية المتخفية والتحديث الاستبدادي**". يقول الكواكبي: "**ومن المأمول أن تكون الحكومات الإسلامية راضية بهذه الجمعية، حامية لها**".

وتزداد الدهشة عندما نعرف أن مفهوم: "**الحاكمية**" الذي سال تحت رايته الدماء عشرات السنين في المشرق العربي الإسلامي، هو من "**مخترعات**" الكواكبي وليس أبي الأعلى المودودي أو سيد قطب كما شاع لعقود في خطاب التأريخ لظاهرة الإرهاب ..... أي أن أحد أكثر بذوره خطورة وضعها "**الإصلاحي الغامض**" عبد الرحمن الكواكبي وليست من بنات أفكار الحركات الإسلامية.

وجاء جمال الدين الأفغاني

في الذكرة المئوية لوفاته صدر واحد من أهم الكتب التي تناولت حياة الماسوني الغامض جمال الدين الأفغاني، وهو كتاب: **"الأفغاني: صفحات مجهولة من حياته (دراسات ووثائق)** للدكتور مُحَمَّد الحداد الأستاذ بالجامعة التونسية (الطبعة الأولى – 1997 – دار النبوغ للنشر والتوزيع – بيروت). وفي إطار حديثه عن وفاة الأفغاني يقول الحداد: **"لم يكن الغموض حول الوفاة إلا حلقة أخيرة من الغموض: هل ولد في أفغانستان أم في إيران؟ هل كان عميلاً لروسيا في أفغانستان؟ هل كان عميلاً لإيران في الهند؟ هل كان عميلاً لفرنسا في مصر؟ ..... هل كانت الجمعيات السرية التي ينشئها ماسونية أم صوفية؟ هل كان يدافع عن الدين أم يسخره في خدمة مشاريعه؟ ...... كيف كان يحصل على الأموال التي مكنته من السفر شرقاً وغرباً والإقامة في عديد من البلدان دون أن يكون احترف مهنة؟ ...... هل كان اسمه الكامل جمال الدين أسد أبادي أم جمال الدين الحسيني أم جمال الدين الرومي أم جمال الدين الكابولي أم جمال الدين الطوسي أم جمال الدين الاستنبولي أم جمال الدين الأفغاني؟"**. ويضيف الحداد: **"هذا بعض من كل، أسئلة لا تزال الإجابة عنها محل أخذ ورد بعد**

قرن كامل من وفاته، إذا استثنينا انتماءه الماسوني الذي تتوافر حوله الآن وثائق صريحة".(2)

ويقرر الحداد حقيقة تبلغ الغاية في الخطورة هي أن حياة الأفغاني هو موضوع لـ "الاكتشاف" في مراحل متتابعة، ما يعني أننا نتحث عن "مجهول" (أو بتعبير أدق "غامض") لا عن "معلوم"، ويزيد الأمر خطورة أن الرجل ساهم بدور كبير في صياغة الفكر المعاصر في العالم العربي وجواره، ومن عباءته خرجت تيارات وجماعات وشخصيات مثلت "مجرى النهر الرئيس" في الثقافة العربية المعاصرة، محافظين وإصلاحيين، إسلاميين وعلمانيين، والأهم أنه أول من بذر بذرة: "السرية" و"العنف"، وكلاهما من الأسس التي لا تنضج بدونهما "ثمرة الإرهاب"!!

والمفارقة هنا أن الرجل الذي يعد ــ على الأرجح ــ المؤسس الحقيقي للحركة السلفية المعاصرة كان قرين مُحَمَّد عبده الرجل الذي أسس لتيار تنويري يقف على الحاجز الفاصل بين العلمانية والإسلام، وبذلك

____

(2) الأفغاني: صفحات مجهولة من حياته (دراسات ووثائق) ــ الدكتور مُحَمَّد الحداد ــ الطبعة الأولى ــ 1997 ــ دار النبوغ للنشر والتوزيع ــ بيروت ــ ص 9 ــ 10.

يصبح جمال الدين الأفغاني (1838 – 1897) ومُحمَّد عبده (1849 – 1905) ومُحمَّد رشيد رضا (1865 – 1935) قد وضعوا بذرة التيارات الإسلامية الرئيسة الثلاث في تاريخنا المعاصر (التنويري – التجديدي – المسلح).( ) حيث يذهب روبرت دريفوس في كتابه: "**لعبة الشيطان**" إلى أن الأول ألهم الثاني والثاني ألهم الثالث، أما الثالث (رشيد رضا) فألهم حسن البنا (1906 – 1949) مؤسس جماعة الإخوان المسلمين.([3])

وإذا كان روبرت دريفوس يربط بين الأفغاني وتنظيم القاعدة، فإن الباحث السوري المعروف محيي اللاذقاني يقفز قفزة في الفراغ لا تخلو من اجتهاد، إذ يربط بين ما كشف حديثاً عن الدور الذي لعبته غواية "**المحافل السرية**" في حياة جمال الدين الأفغاني وبين النطاق الجغرافي الذي يتحرك فيه تنظيم القاعدة بين أفغانستان وباكستان. ونص ماسونية الأفغاني محفوظ في: "**الخاطرات**" التي جمعها مُحمَّد باشا المخزومي تحت عنوان: "**خاطرات جمال الدين الأفغاني**"، فبعد أن شرح المصلح

([3]) لعبة الشيطان: **دور الولايات المتحدة في نشأة التطرف الإسلامي** – روبرت دريفوس – تقديم ومراجعة: مصطفى عبد الرازق – ترجمة: أشرف رفيق – مركز دراسات الإسلام والغرب – مصر – الطبعة الأولى سبتمبر 2010 – ص 31.

أسباب انتسابه جاء أوان تبرير الانقلاب على الحركة: "هذا ما رضيته من الوصف للماسونية وارتضيته لها، ولكن مع الأسف أرى جراثيم الأثرة والأنانية وحب الرياسة .. وإذا لم تدخل الماسونية في سياسة الكون، وفيها كل بناء حر، وإذا آلات البناء التي بيدها لم تستعمل لهدم القديم وتشييد معالم حرية صحيحة وإخاء ومساواة، وتدك صروح الظلم والعتو والجور فلا حملت يد الأحرار مطرقة حجارة".

ولاكتمال تثبيت ماسونية الأفغاني، لا بد أن نتساءل عن سكوت كتّاب عصر النهضة العربية الأوائل عن تفسيرها أو الإشارة إليها، فالدور الغامض لهذا المفكر الإسلامي كان معروفاً بالإشارات، والغمز دون اللمز، والحصيف يدرك أنه أمام تنظيم سري عالمي الطابع أخاف ولا يزال الأكاديميين والمؤرخين، وهيئات البحث العلمي شرقاً وغرباً. ويضيف اللاذقاني: "ومن مضحكات أبحاثنا النهضوية والتنويرية، أننا إلى اليوم ندرس "العروة الوثقى" كصحيفة عربية في باريس دون أن نقف عند أصلها وهي الجمعية السرية التي شكلها الأفغاني قبل قدومه إلى العاصمة الفرنسية، مما يعني أن ماسونيته أصيلة وقديمة وليست وليدة المحيط الباريسي الذي وجد نفسه فيه مع شلته وتلاميذه".[4]

---

(4) الماسونية المشرقية من "جمعية حيدر أباد" إلى "الشلة الباريسية":

وأخبار تلك الجمعية السرية موجودة عند أخلص تلاميذ الأفغاني وهو الشيخ مُحَّد عبده الذي نشر له الباحث الجاد المرحوم علي شلش في سلسلة الأعمال المجهولة نصاً يعترف فيه بجمعية (حيدر أباد) تلك المدينة التي ستكون بعد قرن ونصف القرن من الأفغاني مقراً لأسامة بن لادن. يقول مُحَّد عبده في رسالة إلى أستاذه جمال الدين الأفغاني، تحمل تاريخ الرابع والعشرين من ديسمبر 1884 ميلادية، وقد كتبها من تونس: **"استطعت أن ألتقي هنا العلماء ورجال الدين، وقد عرفتهم بنا، وقلت لهم: إن العروة ليست اسم الصحيفة، وإنما اسم جمعية أسسها السيد في حيدر أباد ولها فروع في كثير من الأقطار لا يدري أحدها عن الآخر شيئاً، ولا يعرف هذه الفروع إلا الرئيس وحده، كما قلت لهم إننا نرغب اليوم بتأسيس فرع جديد في هذا البلد".**

وما دام الشيخ مُحَّد عبده يتحدث عن نفسه وعن الأفغاني بصيغة التلازم **"عرفتهم بنا"** و**"إننا نرغب"** وما دام الأمر يتعلق بفرع لجمعية سرية، وليس لصحيفة، فلماذا لم نسمع أو نقرأ شيئاً في إثبات ماسونية مُحَّد عبده أو نفيها؟.. خصوصاً أنه كان من الشلة الباريسية، التي ضمته مع

رسائل مُحَّد عبده لأستاذه تكشف عن وجود جمعية سرية وخطرات الأفغاني تصرح بالانضمام للمحفل الفرنسي – محيي الدين اللاذقاني – مقال – جريدة الشرق الأوسط اللندنية – 21 /3 / 2002.

الأفغاني ويعقوب صنوع وأديب اسحق وغيرهم من منفيي المشرق. وليس بين يدي الباحثين ـ حتى الآن ـ نص بقلم مُحمَّد عبده يثبت ماسونيته كنص جمال الدين الأفغاني في خاطراته، لكن حياة الرجلين يصعب فصلها عقائدياً وإنسانياً وتنظيمياً، ولمن يريد إمساك طرف الخيط للسعي وراء نفي أو إثبات ماسونية الشيخ مُحمَّد عبده نشير إلى أن المستشرق البريطاني (إيلي كدوري) يعتبر الأفغاني ملحداً، وكذلك تلميذه ودليله مقطع من رسالة لمحمد عبده حول رد أستاذه الأفغاني على المستشرق الفرنسي (رينان) يقول فيها **"لا تُقطَع رأس الدين إلا بسيف الدين"**، ولخطورة هذه العبارة اضطر عبده لتفسيرها لاحقاً، فقال إنه وأستاذه يميزان بين إسلام القرآن وإسلام الحكام والمعنى حسب التفسير اللاحق أن القرآن سيف الدين وهو وحده الذي يفحم الحاكم والخليفة ويفل سيفه. ويستطرد محيي الدين اللاذقاني: ودع هذا الخيط واتبع آخر، فقد كان الشيخ عبده أثناء منفاه البيروتي في ضيافة وموضع حفاوة أحفاد الأمير عبد القادر الجزائري، وهؤلاء ركبتهم تهمة الماسونية إلى منتصف خمسينات القرن الماضي وكان الأمير مُحمَّد سعيد حفيد الأمير عبد القادر، قد خصص جناحاً في قصره الدمشقي لاجتماع المحافل الماسونية المشرقية وهي عديدة منها: **"محفل ميسلون"**، و**"محفل أمية"** و**"محفل أبي العلاء"**

و**"محفل العدل الشقيق"**، ومحفل يحمل اسم الأمير عبد القادر الجزائري نفسه. وإذا كانت تلك الحفاوة مجرد كرم ضيافة عربية وليست أخوة عقائدية، فماذا نقول عن عشرات الإشارات في كتابات الشيخ عن وحدة الهدف والتنظيم والمصير بينه وبين جمال الدين الأفغاني؟، وما الرابط بين جمعية حيدر أباد السرية والشلة الباريسية التي كانت على صلات وثيقة بالحركة الماسونية؟.

وتزداد الدهشة عندما نعرف أن سيرة الرجل قد تغيرت ملامحها تغيراً جذرياً أكثر من مرة بحدوث **"اكتشاف"** متصل بهذه الحياة الغامضة الرجل بين الهند وأفغانستان وإيران وتركيا وروسيا ومصر وفرنسا .... وعن أحد أهم هذه **"الاكتشافات"** يقول الدكتور مُحَمَّد الحداد: **"الحدث الأول: صدور كتاب: "شرح حال وآثار السيد جمال الدين أسد أبادي المعروف بالإفغاني" (بالفارسية) لميزرا لطف الله أسد أبادي الذي يقول إنه ابن أخت جمال الدين. ورغم أن المعلومات التي يتضمنها الكتاب ليست كثيرة فإنه أصبح فإنه أصبح وثيقة لا يمكن تغييبها عند طرح جنسية الأفغاني أو نشأته، ...... الحدث الثاني: نشر جامعة طهران سنة 1963 مجموعة من الوثائق للأفغاني أو المتعلقة به، وقد عثر على هذه الوثائق أصغر مهدوي في خزانة جده**

الحاج مُحمَّد حسن أمين الدرب الذي كان صديقاً للأفغاني وممول العديد من مشاريعه". ويضيف الدكتور مُحمَّد الحداد: "كانت هذه الوثائق بمنزلة الضربة القاضية لـ "النظرة العربية للأفغاني" لما حوته من معلومات لم يعد ممكناً إطلاقاً التغاضي عنها لكل من كان يتمتع بالحد الأدنى من النزاهة والموضوعية، فهي تتضمن كتابات بخط الأفغاني نفسه، ورسائل منه وإليه، وصوراً عن وثائق شخصية .... إلخ. مع ذلك استمر بعض الباحثين العرب – وفي مقدمتهم جامع "أعماله الكاملة" الدكتور مُحمَّد عمارة – يكتب عن الأفغاني دون الاطلاع على هذه الوثائق أو الاهتمام به".(5)

وعند الدكتور مُحمَّد عمارة تتقاطع خيوط كثيرة تشمل: عبد الرحمن الكواكبي وجمال الدين الأفغاني ومُحمَّد عبده وميشيل عفلق ...... وجميعهم عمل على تسويقهم لسنوات متجاهلاً – كما يقول الدكتور مُحمَّد الحداد – بشأنهم جميعاً "معلومات لم يعد ممكناً إطلاقاً التغاضي عنها لكل من كان يتمتع بالحد الأدنى من النزاهة والموضوعية".!

---

(5) الأفغاني: صفحات مجهولة من حياته (دراسات ووثائق) – الدكتور مُحمَّد الحداد – مصدر سبق ذكره – ص 13 – 14.

ومن الظواهر التي ترتبط بمسيرة الأفغاني وجملة من الكتاب عاصروه و/ أو تتلمذوا على يديه، بينهم مُحَّد عبده وقاسم أمين وغيرهما يتكرر الجدل حول نسبة نصوص إلى واحد منهما دون الآخر، وكأن التأريخ لهم يدخل في نطاق "علم الآثار!!"

يقول الدكتور مُحَّد الحداد تعليقاً على جدل حول نسبة نص إلى جمال الدين الأفغاني:**"كيف يمكن الشك في نسبة نص يستفتحه صاحبه بنسبته إلى نفسه ويسلمه إلى أحد تلاميذه (رشيد رضا) على أنه من تأليفه، إلا إذا افترضنا منه الكذب الصريح"**.(6)

وعند الدكتور مُحَّد الحداد(7) نجد إشارات لها أهمية استثنائية تمسك بطرف الخيط الممتد بين جمال الدين الأفغاني وميشيل عفلق – على بعد المافة الزمنية – فالأفغاني وضع أول موطيء قدم لفكر **"الموسوعيين الفرنسيين"** داخل الثقافة العربية الإسلامية المعاصرة (على الأقل في رد له على الفيلسوف الفرنسي أرنست رينان). وهؤلاء هم من

---

(6) الأفغاني: صفحات مجهولة من حياته (دراسات ووثائق) – الدكتور مُحَّد الحداد – مصدر سبق ذكره – ص 30.

(7) الأفغاني: صفحات مجهولة من حياته (دراسات ووثائق) – الدكتور مُحَّد الحداد – مصدر سبق ذكره – ص 47 – 48.

مهدت كتاباتهم للثورة الفرنسية، وكان غالباً على معظمها كان العداء لـ "الدين" مطلق الدين أحد أهم الحقبة التي أعقبت نشوب الثورة الفرنسية.

ويبقى السؤال: ما دلالة أن تكون فصول مهمة من تاريخنا الحديث محوطة بهذا الغموض؟

من الأفغاني إلى محافل الهلال الخصيب

شهد العام 2004 صدور كتاب مهم هو: "**الحركة السرية العربية: جماعة الكتاب الأحمر**" للمؤرخ (عضو الجماعة) شفيق جحا. وفي أول سطور الكتاب يقول المؤلف: "**كان من المؤمل أن يكتب هذه المقدمة المرحوم الدكتور قسطنطين زريق. فمن أولى منه بذلك وهو أحد المؤسسين الرئيسيين للحركة العربية السرية موضوع هذا الكتاب**"..!!!([8])

([8]) الحركة العربية السرية (جماعة الكتاب الأحمر): 1935 – 1945 – بقلم أحد أعضائها: شفيق جحا – دار الفرات للنشر والتوزيع – بيروت – الطبعة الأولى – 2004 – ص 7.

ويستطرد حجا: "في سنة 1935 تأسست حركة قومية عربية سرية في بيروت، وانتشرت فروعها في لبنان وسورية وفلسطين والعراق الكويت وألمانيا وأمريكا الشمالية" ويضيف الكاتب: "مارست الحركة نشاطها في مجالات الفكر والسياسة والعمل الاجتماعي،". ويفسر حجا غياب هذه الحركة عن الأدبيات السياسية والتاريخية للفترة المشار إليها قائلاً: "ويرجع هذا الصمت المطبق عن الحركة في الصحافة وكتب التاريخ، إلى السرية المطلقة التي اعتمدتها الحركة في تنظيمها الداخلي، بحيث لا يعرف معظم الأعضاء بعضهم بعضاً، وفي علاقاتها الخارجية بحيث لا يتسرب شيء من أخبارها وأسرارها خارج نطاقها الحزبي المحدود. وللمحافظة على هذه السرية لم تكن الحركة تقوم بأعمالها وتنفيذ مشاريعها وخططها بصورة مباشرة، أو بأية وسيلة يمكن أن تكشف أمرها وتدل عليها. فإن قام أعضاؤها بعمل ما فإنهم كانوا يقومون به في الظاهر بصفتهم الشخصية، ومن دون الإشارة إلى علاقاتهم الحزبية. أما مشاريع الحركة ومخططاتها الخاصة فكانت تنفذ بواسطة أحزاب وهيئات وأشخاص غير منتمين رسمياً إلى الحركة ويجهلون وجودها ولكنهم قريبون منها فكرياً وعقائدياً

وسياسياً وكانت الحركة تعتبر هؤلاء الأعوان "نقط اعتماد لها".[9]

وبحسب الباحثة سهير سلطي التل: "جاءت حركة القوميين العرب
.... نتيجة لمجموعة من العوامل، أبرزها: الأجواء الفكرية والسياسية
التي وفرتها الجامعة الأمريكية وجمعياتها الطلابية وأبرزها جمعية العروة
الوثقى، التي شكلت الميدان الذي بدأ فيه تحرك القادة
المؤسسين".[10]

وإذا كان حسن العلوي في شهادته يكرر مركزية فكرة إقصاء
الدين عن ساحة الشأن العام في تصور ميشيل عفلق (وهي من الأفكار
الرئيسة في العلمانية الفرنسية المعادية للدين)، فإن الفكرة – حرفياً تقريباً
– ترد في ميثاق "الحركة العربية السرية"، فالدولة العربية المنشودة بحسب
ميثاقها: "دلة قومية لا دولة دينية، والأديان عندها هي سبيل المرء إلى
خالقه في العبادات. فهي مصونة ومحترمة ومقدسة وفق ما يرد عنها

(⁹) الحركة العربية السرية (جماعة الكتاب الأحمر): 1935 – 1945 –
مصدر سبق ذكره – ص 8.

(¹⁰) الحركة العربية السرية (جماعة الكتاب الأحمر): 1935 – 1945
– مصدر سبق ذكره – ص 18,

في القوانين. أما الشئون الدنيوية الخالصة كالإدارة والأحكام المدنية والعقوبات والتجارة والمعارف فلا دخل للدين أصلاً".(¹¹)

ولا مفاجأة إذن في أن يكون البعثي أكرم حوراني عضواً بها!

(¹¹) الحركة العربية السرية (جماعة الكتاب الأحمر): 1935 – 1945
– مصدر سبق ذكره – ص 40.

عندما يختبئ "العفريت" في المخابرات العسكرية!

من النماذج الشهيرة لظاهرة "**دولة التنظيم السري**" أن يختبئ الشبح في جهاز أو أكثر من الأجهزة السيادية حيث تكون الرقابة عسيرة، وفي دول العالم الثالث غالبا تنعدم!

ولعل التشبيه الأقدر على تقريب الصورة للقارئ هي صورة المرض الذي تسبب في وفاة الملك حسين بن طلال ملك الأردن السابق: "**سرطان الغدد الليمفاوية**"، حيث يصبح استئصال العدو المصاب السرطان مستحيلاً، وفي هذا النموذج يكون الجزء السيادي الدولة المخبأ الأفضل للدولة الشبح التي تمسك بخيوط السلطة الحقيقية، ومن الشروط الموضوعية لوجود هذا النمط من "**دولة التنظيم السري**" وجود ثقافة وطنية متشددة تقدس "**الدولة**" ولا تكاد تتوقف عن

التخويف — عبر إعلامها ومناهجها التعليمية — من المخططات الخارجية التي تستهدف "**هدم الدولة**"!

ولكي يتمكن أي كيان سري منظم من العمل بحرية تامة لتحقيق مستهدفاته يلح — غالبا — على سرية ميزانية المؤسسات السيادية، وبخاصة المخابرات والجيش. ولعل من المفيد هنا التذكير بأن الفريق أمين هويدي — رحمه الله — طالب من على منصة "**مؤتمر الحق في التعبير**" الذي نظمته **جمعية مصر للثقافة الحوار** عام 1998 بمطلب ما زالت قوى سياسية مصرية، في القرن الحادي والعشرين، تزايد فيه بشكل مكشوف. لقد طالب الفريق أمين هويدي بوضوح شديد برفع حجاب السرية عن ميزانية الجيش المصري. وغني عن البيان أن الرجل، فضلاً عن مكانته كمثقف مصري كبير، هو الوحيد في تاريخ العسكرية المصرية الذي جمع بين منصبي وزير الدفاع ومدير المخابرات في آن واحد.

عبد الحميد الإبراهيمي يتكلم

من الشهادات المهمة على "**جمهورية المخابرات العسكرية**" شهادة عبد الحميد الإبراهيمي رئيس الوزراء الجزائري الأسبق، فعلى شاشة قناة الجزيرة وفي حلقة (2009/10/3) من برنامج "**زيارة خاصة**" للإعلامي المتميز سامي كليب كشف عن جانب من عالم الدولة الخفية في الجزائر. وحسب الإبراهيمي فإن كل الاغتيالات الكبيرة في الجزائر نفذها من يسمون بضباط حزب فرنسا وهم في مراكز مهمة بوزارة الدفاع والاستخبارات العسكرية وهم الذين يصدرون الأوامر.

وتعود أول فصول القصة إلى فرار فرنسيين كانوا مجندين في جيش الاحتلال الفرنسي من خدمة الاحتلال والانضمام للثوار في مرحلة متأخرة من عمر الاحتلال الفرنسي، أي أنهم قفزوا من السفينة الفرنسية في الجزائر قبل غرقها بقليل. وحسب الإبراهيمي أدرك هؤلاء أنهم "**لا يستطيعون تحقيق مبتغاهم بوسائلهم الخاصة، ولهذا اعتمدوا في البداية على كريم بالقاسم الذي كان آنذاك وزيرا للقوات المسلحة قبل أن يتحولوا بعد ذلك إلى خدمة العقيد هواري بومدين غريم كريم بالقاسم**".

والاغتيالات كانت كثيرة في تاريخ الثورة ثم خلال وبعد الاستقلال في الجزائر، فمن بعض قادة الثورة وصولاً إلى الرئيس الراحل

اغتيالاً محمَّد بوضياف دفنت أسرار كثيرة مع جثث القتلى والشهداء وضحايا الاغتيالات. ويكشف الإبراهيمي عن تضخم نفوذهم إلى حد اغتيال الرئيس الجزائري السابق هواري بومدين الذي مات مسموماً على يد عبد المجيد علاهم وهو رئيس التشريفات الخاص بالرئيس بومدين.

وفي وصف دقيق لشخصية هواري بومدين يقول الإبراهيمي إنه:

"كان متكتماً بارداً يقظاً حذراً صارماً سلطوياً شديد الذكاء يتمتع بذاكرة ممتازة، لا يؤمن لا بالديمقراطية ولا بفضائل الشعب ولم يكن يقبل النقد إطلاقاً، يهمل العامل البشري ويعتقد أن بالإمكان الحصول على كل شيء بواسطة المال، لم يكن لديه أي احترام للفرد ويحب أن تمحى شخصيات المسؤولين السياسيين المحيطين به". وفي وصفه لرئيس وزراء جزائري سابق يقول إنه: **"شخص غريب يتميز بخليط فصامي من السلطوية والصرامة والغرور والضغينة والغطرسة، إنه مفسد"**، وفي يد هؤلاء وأمثالهم سقط مصير القسم الأكبر من العالم العربي خلال السنوات الستين الماضية. ويروي الإبراهيمي أن بومدين كان يقرأ كتاب الفيلسوف الألماني الشهير فردريك نيتشة **"هكذا تكلم زرادشت"** ثم يقول: صدقت!

وكما فعل كثير من الطغاة القادمين من الظل في حقبة ما يعرف بـ **"التحرر الوطني"** جعل بومدين جيش الجزائر تحت إشراف حوالى 15 ضابطاً من أدنى الرتب في الجيش الفرنسي، وكان الأنشط بينهم العربي بالخير، خالد نزار، مصطفى شلوفي، بن عباس غزيّل، سليم سعدي، مُحَّد تواتي، مُحَّد عماري، وكان لهذه المجموعة قائدان هما عبد القادر شابو وسليمان أفمان. وكان السبب الرئيس لهذا السلوك التخريبي الذي يتناقض تمام التناقض مع التغني الدائم بالجيش ومكانته بوصفه أيقونة الوطنية أن بومدين **"كان يهاب أي ضابط عنده توجه عروبي إسلامي ويعتبره خطراً عليه"**، وفي كل التجارب التي حاول فيها عسكر التحرر الوطني جعل الإسلام **"ثمرة محرمة"**.

ومع النفوذ الخارجي تتحول بعض المؤسسات السيادية في **"جمهورية المخابرات العسكرية"** إلى تنظيمات سرية مسلحة بالمعنى الحرفي تمارس الإرهاب دون مواربة، وغالباً تستعين بحليفها الغربي. وفي هذا السياق يروي الإبراهيمي قصة خطيرة حول **"تفجيرات باريس"** الشهيرة التي وقعت عام 1995. يقول رئيس الوزراء السابق: **"إن شخصية فرنسية كبيرة أكدت لي عام 1996 أن الرئيس جاك شيراك بعث برسالة إلى الرئيس اليمين زروال — الجزائري طبعاً — يقول فيها**

إن فرنسا لن تقبل بعد اليوم أن تنظم مصالح الأمن العسكري الجزائري اعتداءات في فرنسا كما حصل في مترو باريس وأمكنة أخرى". وذات يوم التقى الإبراهيمي مسؤولاً فرنسياً كبيراً كان في منصب رفيع جداً في وزارة الدفاع الفرنسية، وأخبره عن مكالمة هاتفية مع شيراك، قال لي شيراك: **"في المستقبل لا نقبل على الإطلاق أن تقوم الجزائر أو استخبارات الجزائر بتفجيرات مثل التي قمتم بها في باريس"**. والغريب أنه لم تقع انفجارات منذ سنة 1995 حتى يومنا هذا.

ورغم أهميتها، فإن شهادة عبد الحميد الإبراهيمي ليست الوحيدة على تورط دولة التنظيم السري الجزائرية في الإرهاب، ليست الوحيدة إذ صدرت عدة مؤلفات مهمة لضباط جزائريين فضحوا فيها هذا الدور الذي قامت به أطراف جزائرية رسمية — عسكرية وأمنية — عبر الإرهاب المنظم في توفير الذرائع لاستمرار الصراع مع الإسلاميين في الجزائر، ولعل أشهرها: **"من قتل في بن طلحة"** لعبد الله يوس و**"الحرب القذرة"** لحبيب سوايدية.

وتالياً، صدر كتاب للصحافي الفرنسي جان باتيست ريفوار، عن شهادات جديدة يصعب التأكد منها، تتهم الأمن العسكري

الجزائري بالتورط في مأساة قتل فيها رهبان عرفت باسم: "**جريمة تيبيحرين**". ويعتبر هذا طعناً في الرواية التي تقدمها السلطات الجزائرية منذ البداية، والقائلة بأن إسلاميين هم الذين نفذوا عملية خطف واحتجاز الرهبان حسب محامي الأطراف المدنية بارتيك بودوان. ويستند كتاب "**جريمة تيبيحيرين**"، الذي نشرته دار **لا ديكوفرت**، إلى تصريح بعض عناصر الأجهزة الجزائرية، وإسلامي قال إن عملية الخطف تمت بناء على أمر من مديرية الاستخبارات الخاصة (الأمن العسكري)، ونفذت بمشاركة إسلاميين. ويوجه ملازم سابق، قيل إنه مقرب من قائد **المركز الإقليمي للبحث والتحقيق** في البليدة، التهمة مباشرة إلى الأجهزة الجزائرية بتنفيذ عملية الخطف. ويقول الضابط إن مجموعة صغيرة من العناصر المندسة وافقت، نزولا عند طلب قادة الأمن العسكري، على تنظيم عملية الخطف مع نحو 15 إسلامياً حقيقياً كانوا يجهلون عملية التلاعب.

وقال كمال إن الهدف من ذلك كان التخلص من شهود مزعجين، وتحميل الإسلاميين المسؤولية، والضغط على فرنسا. ويبدو أن العملية تقررت مطلع مارس (آذار) 1996 خلال اجتماع عقد في **المركز الإقليمي للبحث والتحقيق**، بحضور اللواء إسماعيل العماري،

قائد أكبر وحدة جزائرية لمكافحة التجسس. وحسب تصريحات إسلامي سابق كان عضوًا في الكوماندوز الذي خطف الرهبان، وروى تطويق الدير، وبعد ذلك مسيرة الرهبان، فالرهبان سلموا بعد أربعة أيام إلى إسلاميين يقودهم عبد الرزاق البارا، الذي قيل إنه مقرب من زيتوني، ويشتبه في أنه كان عضواً مندساً من جهاز مكافحة التجسس. ويروي الكتاب أيضا شهادة عسكري منشق آخر قدم رواية جديدة لعملية الإعدام أكد فيها أن أحد عناصر الكوماندوز كلف بتصفية الرهبان. وقد خطف الرهبان السبعة في مارس 1996 من ديرهم المعزول قرب المدية (80 كلم جنوب العاصمة الجزائرية)، وتبنت الجماعة الإسلامية المسلحة التي كان يتزعمها حينها جمال زيتوني، خطفهم واغتيالهم، ثم عثر على رؤوسهم مقطوعة بنهاية مايو. وقبل كشف تلك المعلومات أفادت شهادات ضباط جزائريين منشقين بغموض دور السلطات الجزائرية، واتهمت الجزائر بالتلاعب بالجماعة المسلحة التي تبنت عملية الخطف .

الظل الباكستاني الثقيل

عالم ما يسمى "**الخدمة السرية**" ورجاله عالم المتناقضات والصدمات والحقائق المدهشة، ومن مدهشات عالم الخدمة السرية

الاتهامات بوجود علاقات تحالف بين أطراف يفترض علنا أنهم أعداء، وقد حكى قيادي فلسطيني مخضرم كيف أن الرئيس السوفيتي السابق يوري أندروبوف — وكان مديراً للكي جي بي قبل وصوله للرئاسة — حذر الرئيس الفلسطيني الراحل ياسر عرفات من "**الأكثر تطرفاً**"، مؤكداً أن عددا من التنظيمات الماركسية الأكثر تشددًا كانت صنيعة للمخابرات الأمريكية!

وفي تفجيرات مومباي الدموية (2005) تراجع التحليل السياسي المبني على معلومات علنية ليتقدم بشكل ملفت الكشف عن أسرار مثيرة بكل معنى الكلمة، وبعض ما تردد كان تكراراً لمعلومات نشرت مرارا قبل أن يرحل الرئيس مشرف من منصبه، فالصلة بين المخابرات الباكستانية — وبالتحديد جناح فيها — كان موضوع تقارير أمنية وإعلامية طالما نفى محتواها المسئولون الباكستانيون، ففي سبتمبر 2003 ذهب تقرير للمخابرات الأمريكية إلى أن باكستان دعمت **القاعدة وطالبان** خلال التسعينيات، وكشفت وثائق أعلنتها **وكالة المخابرات الأمريكية** التابعة **لوزارة الدفاع الأمريكية** البنتاجون أن باكستان ساعدت تنظيم **القاعدة** في عملياته بأفغانستان في التسعينيات وأنشأت معسكراً لتدريب أعضائه لهذا الغرض وقد قصفته أمريكا بعد

تفجير سفارتيها في تنزانيا وكينيا عام 1998. فيما أنكر الرئيس الباكستاني أي علاقة لبلاده بالقاعدة وطالبان مؤكداً أن كل ما في الأمر أن السلطات الباكستانية استجوبت في سبتمبر 2003 ثلاثة ضباط باكستانيين لاحتمال ضلوعهم في مساعدة **طالبان والقاعدة.**

وفي زيارة له إلى لندن عام 2006 أثيرت القضية مرة أخرى عبر تقرير مخابراتي تسرب يتهم باكستان بدعم القاعدة وطالبان مرة أخرى، واتهمت الوثيقة التي صدرت عن مركز أبحاث تابع لوزارة الدفاع جهاز المخابرات الباكستاني بدعم متشددي القاعدة وطالبان في **أفغانستان** بشكل غير مباشر. وأشار إلى أنه يتعين تفكيك جهاز المخابرات الباكستاني وأنه يجب على مشرف نفسه أن يستقيل!!!

والطريف أن التقرير الذي تنصلت منه الحكومة البريطانية تحقق ما فيه حرفياً، فالرئيس الباكستاني استقال — وهذا معروف — أما غير المعروف فهو أن الجناح المتشدد داخل المخابرات الباكستانية الذي طالما اتهم بدعم **طالبان والقاعدة** تم تفكيكه قبل أيام من الانفجار، ولا يحتاج الأمر كثير تفكير للاهتداء إلى صلة محتملة بين الواقعة وتفجيرات مومباي.

القصة كما روتها الفاينشيال تايمز البريطانية (25 – 11 – 2008) كانت عملية تفكيك "**دولة داخل الدولة**"، والوصف كان يُطلق على الجناح السياسي في جهاز الاستخبارات الباكستاني الداخلي، فمن خلاله كان الجيش يفرض سيطرته على البلاد سياسياً وعسكرياً، بحسب "**فاينشال تايمز**". والحكومة الباكستانية فككت ذلك الجناح، صاحب النفوذ القوي على الصعيدين المحلي والدولي؛ لإضعاف تأثير الجيش في العملية السياسية ووقف تدخله في تشكيل وتقويض الحكومات. فبعد أن بسط هذا الجناح نفوذه شيئاً فشيئاً صار يتحكم في عملية تشكيل الحكومات الباكستانية وإسقاطها. وقد أوكلت إلى العاملين به مهام جديدة في قسم الاستخبارات المضادة داخل الجهاز.

والوصف الأبلغ لهذا الجناح هو قول شاه محمود قريشي وزير الخارجية الباكستاني في بيان رسمي إنه كان "**جناحاً قوياً وله ثقله**"، ولعل من المفارقات الملفتة أن يكون من اتخذ القرار هو نفسه زوج السيدة التي اتهم هذا الجناح باغتيالها، فقد اتهم **حزب الشعب الباكستاني** صراحة شخصيات بارزة في الاستخبارات الداخلية الباكستانية بالتورط في مقتل رئيسة الوزراء الباكستانية السابقة وزعيمة الحزب بي نظير بوتو. وما إن حدثت التفجيرات الدموية حتى كان الربط متوقعاً، وأكتفي بـ "**عينة**"

واحدة هي قول مصباح الله عبد الباقي، الخبير في الشأن الباكستاني إن أيدي مخابراتية باكستانية ضالعة، ورجح عبد الباقي أن "**يكون قد سهل تنفيذ الانفجار عناصر داخل جهاز المخابرات الباكستانية أرادت أن توصل رسائل إلى الحكومة.**" والجديد والأكثر إثارة جاء من موسكو التي بادرت بعد قليل من وقوع الانفجار إلى تأكيد مسئولية **القاعدة** عنه، لكن بعد أيام كشفت عن جانب آخر مختلف، فقد أكدت أجهزة المخابرات الروسية تورط داود إبراهيم تاجر المخدرات الهندي الكبير في هجمات مومباي حسب تصريحات لمدير **الهيئة الفيدرالية الروسية لمكافحة المخدرات** (جريدة روسيسكايا غازيتا الروسية 9 /12 /2008) وحسب المعلومات التي تتوفر لدى الهيئة فإن داود إبراهيم سمح للمنفذين باستخدام "**شبكته اللوجيستية**" للتنفيذ!!

وداود إبراهيم مطلوب للعدالة بتهمة تنظيم سلسلة انفجارات هزت مومباي عام 1993 وبلغ ضحاياها حوالي الألف، وكان قبلها يترأس أقوى العصابات الإجرامية في بومبي. وهو الآن "**هارب من العدالة**". وهكذا أصبحت الخيوط متشابكة بين المنظمات الإجرامية والجماعات الإرهابية وأجنحة متشددة في السراديب المظلمة لأجهزة استخبارات بعينها، و"**الخلطة الجديدة**" تنطوي على مخاطر شديدة،

وبخاصة أنها — غالباً — تستغل مشاعر وطنية أو دينية عند الناس وتحاول إبقاء العلاقة مع "الآخر" — أي آخر علاقة صراع، وهذا هو الخطر الأكبر.

وفي سابقة في العلاقات بين باكستان والغرب (29 يوليو 2010) دافع رئيس الوزراء البريطاني ديفيد كاميرون عن تصريحاته في الهند التي اتهم فيها باكستان بالعمل على تصدير الإرهاب. وقال كاميرون إن من الواجب عليه أن يتحدث بصراحة ووضوح، وجاءت تصريحات رئيس الوزراء البريطاني التي أثارت جدلاً سياسياً كبيراً بعد أيام من تسرب وثائق سرية أمريكية عسكرية تتحدث عن صلات بين أجهزة الاستخبارات الباكستانية وحركة طالبان في أفغانستان، وقال كاميرون إن من غير المقبول أن يُسمح لباكستان بأن تتحرك علي مسارين متناقضين.([12])

([12])

www.bbc.com/arabic/worldnews/2010/07/100729_
cameron_india_meeting_tc2

"المنشأة الإلهية": كيان خفي أسسه "قديس فاسق"!!

في العام 2002 تم إعلان خوسيه ماريا إسكريفا قديساً، وأصبح عيده في السادس والعشرين من يونيو، وأسكريفا رجل دين مسيحي ما زال ظله حتى هذه اللحظة أحد أهم المعالم في المشهد السياسي في أسبانيا، وهو فضلاً عن ذلك — أو ربما بسبب ذلك — أحد أهم رموز **دولة التنظيم السري** في التاريخ المعاصر. وقد وُصف في لوموند الفرنسية عند تطوييه بأنه: **"قديس فاشي وفاسق!"**

وقصة أسكريفا تمت استعادتها بشكل واسع في إسبانيا بعد انتصار الحزب الشعبي بقيادة خوسيه ماريا أزنار في إسبانيا في انتخابات 1994. وبهذا الفوز — حسب **لوموند** الفرنسية — تمكنت منظمة

"المنشأة الإلهية (اوبوس داي)"، وهي نوع من الماسونية الكاثوليكية أسسها في العام 1928 المونسنيور خوسيه ماريا اسكريفا دو بالاغير، من استعادة السلطة شيئاً فشيئاً في إسبانيا خلال السنوات العشرة السابقة على هذا التاريخ.. وقد تولى الكثير من رموز **"أوبوس داي"** مناصب مهمة في الشركات والدولة. وهذا ما يفسر تحدد الاهتمام الذي أثاره نشر: **"التقرير السري حول منظمة اوبوس داي السرية."**

التقرير وضع في 1943 وفيه وُصف اسكريفا بأنه **"مجدف"** ذو حياة غير مثالية، وصاحب **"أقوال وأعمال مليئة بالأفكار المبطنة"**، وهو **"في تدينه متفاخر متباكٍ، غير طبيعي أبداً وصاحب مواقف مخادعة ومتصنعة"**. وهذه الأوصاف التي تتنافى تمام التنافي مع أي معنى من معاني الورع والتقوى جزء من تقاليد **"دولة التنظيم السري"** حيث تلعب لأقنعة دور البطولة، وربما كان الدرس الأهم في هذه السطور هي أن الأفكار الباطنية أرض خصبة لنشوء التنظيمات السرية بمختلف أشكالها في الثقافات كافة.

وبإمكان القارئ أن يجد في بعض المؤلفات وفي سير القديسين التي نشرتها **"أوبوس داي"** شهادات مثيرة عن أعماله وتصرفاته. ونحن نملك آثاراً ليست أقل كشفاً لهذه الشخصية مع مقاطع من شرائط

مصورة للقطات في سيارة كاديلاك سوداء في وضعيات مشبوهة. ويذهب مؤلف كتاب: **"فوتريكوميدي"** إلى أن الشعارات الواردة في كتاب: **"الطريق"** للقديس أسكريفا (ترجم إلى ما يزيد على 40 لغة)، تلقي ضوءاً جديداً على دلالات جنسية!

فالكتاب الأهم لمؤسس للأوبوس داي كُتب خلال الحرب الأهلية الإسبانية، ويشكل مديحاً للذهنية الفاشية وللديكتاتور الإسباني فرانسيسكو فرانكو الذي امتد حكمه بين عامي 1939 و1975. وفي الكتاب إشادة بـ **"الحماسة الوطنية"** في النضال ضد **"أشكال الليبيرالية البالية"**، وبهذا تعود **"إسبانيا إلى العظمة العريقة لقديسيها وحكمائها وأبطالها"**. وإذا وضعنا بعضا من مفردات الخطاب الاستبدادي العربي الغرب عن: **"الجرذان"**، و**"الزنادقة"**، و**"أعداء الشعب"**، و**"الأجندات الأجنبية"** .... فضلاً عن التحريض السافر على الحريات أدركنا قدر تأثير هذه الحركة في الواقع السياسي العربي خلال العقود القليلة الماضية. أما الأكثر غرابة في كتابات رجل الظل **"القديس أسكريفا"** فهو التلميحات الجنسية التي نكتفي منها بتعبير: **"المجون المقدس"**.

المنشأة الإلهية

الأب أسكريفا لم يكتف بالأفكار بل أسس ما أصبح يوصف بأنه أقوى الجماعات الكاثوليكية في العالم اليوم هي مجموعة **"المنشأة الإلهية" (أوبوس داي)** التي أسسها في إسبانيا وحظيت فيما بعد بالدعم المطلق من بابا الفاتيكان، ويعتبرها العديد من المراقبين بمثابة الحرس الأبيض الخاص بالبابا الراحل جان بول الثاني وخليفته. هي في الفاتيكان حرس سري مخصص لإعادة الانتشار وتجديد الكاثوليكية والتحكم في دواليب القرار السياسي. ويذهب بعض المحللين إلى أن هذا التنظيم المحكم يقف وراء نجاح الرئيس الفرنسي جاك شيراك أثناء فوزه بعمادة مدينة باريس، وردا للجميل، وافق على تعيين عدد من أعضاء الجماعة في حكومة آلان جوبيه سنة 1995.

وتأسست هذه الحركة السرية في مدريد بإسبانيا أولاً على يد قس — الشاب آنذاك — خوسي ماريا إسيكريفا دولاباغير عام 1928، وتشبه في علمها ومنهجها وهدفها منظمات كاثوليكية أخرى ظهرت في فرنسا وبلجيكا في الفترة نفسها، فترة شهدت صعود الاشتراكية السوفييتية والشيوعية المناهضة للدين والملكيات القديمة. ورغم المظهر **"العلماني"** للمنظمة، إلا أن رجال الدين ظلوا دوماً الممسكين الحقيقيين بمقاليد الأمور. ساندت المنظمة الجنرال فرانكو أثناء الحرب الأهلية

الإسبانية، معتقدة أنها حرب ضد الشر وضد الشيوعية لإنقاذ الكاثوليكية، واعتبرت المنظمة هتلر حليفاً لها لوقوفه ضد الشيوعية.

وللخروج من الأزمة الاقتصادية في إسبانيا عام 1956، أحاط الجنرال فرانكو نفسه بوزراء منتمين لمنظمة: "**المنشأة الإلهية**"، وعندما قرر أن يتخلى عن الحكم ويعيد العرش الإسباني، وكان وقتئذ تحت الرعاية التربوية للقس أنائيل لويز آمو. في سنة 1969 أعلن الجنرال فرانكو "**خوان كارلوس**" ملكاً. بعد ذلك بشهور، تأكدت سيطرة المنظمة السرية على القرار السياسي بتعيين 12 عضواً منها ضمن تشكيلة الوزراء التسعة عشر. وعلى إثر ذلك، أنشأ أعضاء المنظمة شبكة وطنية مالية استطاعت وضع يدها على مقدرات اقتصادية كبيرة في إسبانيا. ومن الشركات الكبرى التي تشكل بعض نسيجها الاقتصادي المالي شركة "**ليما**" التي أنشئت في زيوريخ عام 1972، وارتبطت ببنوك ومؤسسات في إسبانيا (**المؤسسة العامة للبحر الأبيض المتوسط**)، وفي ألمانيا (**مؤسسة الراين والدانوب، أو معهد ليدينتال**) وفي أمريكا اللاتينية (المؤسسة العامة اللاتينية الأمريكية بفنزويلا). ويؤكد جيزو إنفانتيه الكاتب الإسباني مؤلف "**المنشأة الإلهية**" أن المنظمة كانت وراء نجاح رئيس الوزراء السابق خوسيه ماريا أزنار، وأنها السند

الأول له، وأنها ما تزال تسيطر على مفاتيح القرار السياسي والاقتصادي في إسبانيا، لذلك بادر خوسيه ماريا أزنار إلى تعيين فيديريكو تربيو – عضو المنظمة – رئيساً للبرلمان الإسباني رغم الفضائح المالية التي عرف بها. وإلى جانب هذا التعيين، اختار أزنار كلاً من السيدتين: إيزابيل طوسينو ولويولا دوبالاسيو المعروفتان بصلتهما الواضحة بالمنظمة السرية ضمن تشكيلته الحكومية. وحسب مراقبين إسبان ودوليين فإن **"المنشأة الإلهية"** في عهد أزنار كانت تتحكم في 20 % من النظام السياسي الإسباني. ورغم سقوط الحزب الشعبي غداة تفجيرات مدريد يوم 11 مارس 2004، إلا أن المنظمة ظلت قوية ممسكة بكثير من خيوط القرار.

البابا اللغز!

ومن المحطات المهمة في تاريخ **"المنشأة الإلهية"** دخل الفاتيكان فترة باباوية البابا يوحنا بولس الثاني (أكتوبر 1978/ أبريل 2005). وحسب الكاتبين روبرت غراهام وتوني باربر فإن هذا البابا سيذكر دائما لجهوده التي بذلها لاحياء الكنيسة الكاثوليكية ولدوره في المساهمة في اسقاط الامبراطورية السوفياتية. وقد ولد في بولندا عام 1920 وخلال

الحرب العالمية الثانية خاض أولى تجارب "**العمل السري**"، وفي مؤشر آخر على صلة محتملة بين التصوف — وبخاصة الباطني — وبين ثقافة السرية بشكل عام فإن يوحنا بولس نال درجة الدكتوراه بأطروحة عن متصوف إسباني.

وقد لعب يوحنا بولس الثاني دوراً تاريخياً في الفاتيكان عندما قام بتعزيز نفوذ حركة "**المنشأة الإلهية**" جاعلاً إياها واحدة من أكثر القوى تأثيراً في السياسة الكاثوليكية المعاصرة. وفي سياق العودة القوية إلى الظهور العلني، بعد مرحلة من العمل السري، واختياراً لنهج النزول من الهرم السياسي الأعلى، جهز الفاتيكان "**كتائب**" دينية تسلسلت إلى أجهزة القرار السياسي والاقتصادي على حين غفلة، في عدة بلدان أوروبية، ومن هذه الكتائب:

جماعة: "كومونيون وليبرازيون" الإيطالية التي ولدت في سبعينيات القرن الماضي.

جماعة: "فوكولاري" المولودة في 1943 بإيطاليا نفسها.

جماعة "نيوكاتيشو مينا" المؤسسة بمدريد عام 1964

"ألوية المسيح"، وهي مجموعة موغلة في السرية أسست بالمكسيك في الأربعينيات.

غير أن "المنشأة الإلهية (الأوبوس داي)" بقيت الأقوى!

وفي 1982، أي بعد أربع سنوات من انتخاب يوحنا بولس الثاني، اكتسبت المنظمة صفة ذاتية متميزة، تعدت فيها السلطة القضائية للأساقفة ورقي العديد من أعضائها إلى مرتبة الأسقفية وخصوصاً في الأبرشيات المهمة، والبعض رقي إلى رتبة كاردينال. وأكثر ما يظهر نفوذها هو في الادارة المركزية للكنيسة الكاثوليكية، حيث يحتل أعضاؤها مراكز مهمة في العديد من القطاعات ويستفيدون من **"الترقيات"** الداخلية، وهي بالتالي لاعب رئيس عند اختيار أي بابا قادم للفاتيكان. وتحرص المنظمة حرصاً بالغاً على سرية أعضائها، كما توصيهم بالحيطة والحذر في قوانينها الداخلية وتتشدد في إخفاء الانتماء مع الالتجاء إلى أسماء مستعارة داخلها، وجمعيات خارجية يستظلون بها للتمويه وممارسة نشاطهم بكل حرية. ولا يقتصر الأمر بفرنسا العلمانية مثلاً على استقطاب رجال القرار السياسي داخل المنظمة مثل رايمون بار الوزير، أو تعيين أعضاء المنظمة في مواقع إدارية وسياسية داخل الحكومة الفرنسية ودواوين وزاراتها، بل إن في المنظمة رجال المال والأعمال وأصحاب القرار الاقتصادي، مثل كلود بيبيار رئيس أكبر مجموعة مالية للتأمين **"أكسا AXA"**، وميشيل ألبير رئيس مجموعة التأمين "أ.غ.ف (AGF)"

ديدييه بينو فالنسيان المدير العام لمجموعة **شنايدر**، ولويس شويتزير رئيس **المجموعة الفرنسية للسيارات** "رونو".

وما هو أكثر من ذلك، أن عدداً كبيراً من أعضاء العائلات الملكية بأوروبا أظهرت تعاطفها مع "**أوبوس داي**"، مثل أودو أميرهاسبورغ والأرشيدوق لورنز (النمسا) الذي يحتمل أن يكون عضواً. أما الملك الإسباني خوان كارلوس، فقد تربى على يد قساوسة المنظمة، في حين أن سكرتير زوجته صوفيا ينتمي للمنظمة. وكذلك رئيس **اللجنة الأولمبية الدولية** خوان أونطونيو ساماراتش طوريلو الوزير السابق على عهد فرانكو.

ومن الوقائع المثيره أنه في 19 يونيو 2000، وبضغط من المنظمة منع خافيير سولانا السكرتير العام **للاتحاد الأوروبي**، محاضرة للكاتب الفرنسي تيري ميسان (صاحب كتاب **الخديعة** حول أحداث 11 سبتمبر) موضوعها: خطر "**المنشأة الإلهية**" على الحياة الديمقراطية والمؤسسات الأوروبية.

المنشأة من الداخل

المنشأة الإلهية بالمصطحات السياسية "أصولية" إذ تسعى إلى "**سيادة التعاليم الإنجيلية والعودة إلى النصرانية الأولى كما هي موجودة في الإنجيل**"، وذلك وفق ضوابط تنظيمية دقيقة محكمة مع الاستفادة الكاملة من معطيات العصر الحديث، وتتلمس طريقها من خلال السيطرة على النواحي السياسية والاقتصادية والتربوية، ومصادر دخلها تعتبر سراً من الأسرار. المنظمة تأسست في 2 أكتوبر 1928، ويزعم مؤسسها أن ذلك تم بـ "**وحي إلهي**".

والهيكل التنظيمي لها يضم:

المجلس العام، ويتألف من الرئيس والسكرتير العام والنائب العام وشخصيات من أربع عشرة دولة، وهو الذي يتخذ القرارات الحاسمة باعتباره أعلى سلطة في المنظمة بجميع فروعها في العالم وبأقسامها الثلاثة: القساوسة والمدنيين والفرع النسائي.

القساوسة: وهي أعلى درجة يطمح العضو فيها ويرتقي إليها العضو النظامي وهي أعلى درجة في التنظيم.

يلي ذلك "**الناذر**" نفسه (القربان) ويقوم بنذر نفسه للمنظمة ويكرس حياته لها. والعضو غير النظامي، والمتعاون. وقد اعترفت

الكنيسة الأسبانية بهذا الهيكل التنظيمي الأمر الذي دعم مكانتها وزاد انتشارها.

ولقي القديس المؤسس اهتماماً من الفاتيكان ما جعله يقرر الانتقال من أسبانيا إلى روما والإقامة هناك بشكل نهائي جاعلاً إياها المقر الرئيس للمنظمة. وتتركز قوة المنظمة في أسبانيا وفيها ثقلها الأساسي، فضلاً عن إيطاليا والفلبين والمكسيك وفنزويلا في وكولومبيا وبيرو وتشيلي، وأخيراً في الأرجنتين ولكن بنسب متفاوتة، وكينيا في إفريقيا. وتملك المنظمة ما يزيد عن 50 محطة إذاعة، وشركات توزيع وإنتاج سينمائي ومئات المطبوعات الدورية و38 وكالة أنباء و13 بنكاً وشركات ومصانع وعقارات كثيرة.

المنظمة وأوروبا الموحدة

تلعب "المنشأة الإلهية" دوراً كبيراً في مشروع توحيد أوروبا، وهو دور ثار بشأنه جدل كبير، إذ تبنت في **"مشروع المعاهدة الدستورية"** ما عرف بـ **"حق التدخل"** لصالح الديانات، وهو مبدأ كان يستهدف الاعتراف بالإرث الديني في أوروبا ليعطي مصداقية للديانات في الجو

العام الوروبي وليستدعي، بالتالي، التمييز بين المؤمنين وغير المؤمنين. وقد كشف هذا الدور عن وجود تنظيم من المناصرين للمنشأة الإلهية في شبكات داخل المؤسسات الأوروبية. وفي إطار المشروع الأوروبي "**روح لأوروبا**" قدمت في العام 1998 مساعدة مالية لمركز تدريب فنلندي كان لمشروع حول **القيم الأخلاقية والروحية في عملية الانضمام إلى أوروبا**. وللوهلة الأولى لا يبدو أن هناك ما يستحق اللوم، سوى أن هذا المركز صنيعة للمنظمة التي تتمتع بنفوذ قوي في فنلندا ودول البلطيق، ومؤسسه المونسنيور فيليب جوردان عضو بها. وعموماً، جعلت المنظمة أوروبا أولوية لها بناء على طلب ملح من روما. ففي العام 1993 سئل الناطق باسم لجنتها المركزية في رومانيا السيد جيوسيبي كوريغليانو هل كلّفكم الكرسي الرسولي بأي مهمة خاصة، فما كان منه إلا أن هتف: "أوروبا"!

وربما كانت الصفحة التي تعنينا أكثر من غيرها في تاريخ هذه المنظمة السرية حقيقة العلاقة بينها وبين نظام صدام حسين، ومدى تأثر تجربة "**التنظيم الطليعي**" الناصري بها؟

مختصر كتاب: العراق: دولة المنظمة السرية"

صورة العراق في أروقة النشر الدولي مسلة للشرائع التي يدوّنها ملوك بابل على الطين. وصورته في التراث العربي دار السلام تفيض بعبقريات الحضارة العباسية، وفي أسفار الجغرافيا لم ينافس(ه) إلا وادي النيل، فإذا زاره هيرو دوتس كتب عن ورقة شعير بحجم أذن الفيل. وفي ألواح البورصة كان شعير(ه) صنوًا للمعادن الثمينة، مثلما أصبح النفط فيما بعد.

.... لكن صورة العراق اليوم شيء آخر.

لا شعير في معلف الأغنام.

ولا سمك في دجلة، لكن دمًا ينضح ومفكرًا مشنوقًا بالعمامة، وحديثًا تضيق به سطوح الصحف وقبب البرلمانات عن غاز الخردل ومزارع السموم. أما النزول إلى النهر، فحيث تطل قصور الرئيس والمستوطنين القادمين من القرى المعزولة. إن منظمة سرية كان يبشر بها طلاب حسنة النية تحولت لقوة سياسية ذات قدرة عالية على التخريب المنظم، فانهزم أمامها البابليون. توارت عن الأنظار مشاهد الحضارة

ومشى الخوف للأزقة القديمة. هذه المنظمة أسقطت قوة الماء، وقوة النفط، ومزقت تاريخ الطبري، ولهذه المنظمة أب روحي جاء يحمل لدار الخلافة علبة أفكار استشراقية، فاحتشد في العلبة أتباع يأكلون لحومهم ولحوم الآخرين. وأنجب ميشيل عفلق أبو المنظمة، ابنه البار صدام، توأم المنظمة المتحد معها بالسايكلوجية والسلوك.

إن هذا الكتاب رحلة في تاريخ المنظمة وشاهد على مشاهد الصورة بصخبها وضجيجها وجوعها ودمائها، وقد امتزجت (الرؤيتان) الفكرية (و)الشخصية وتحولت يوميات صحيفة لشهادات للتاريخ. وما يستهدفه الكتاب ليس فقط التحريض على دولة المنظمة السرية بقدر التحذير من انتشار (أمثالها). وإذا كان العمل السري ضرورة يلجأ إليها السياسيون الذين يخفقون في الحصول على اعتراف رسمي أو خلاصًا من القمع والمطاردة، فإن تشكيل السلطة الجديدة ينبغي أن يكون على مبادئ، لا (المعارضة) فعلًا جنائيًا، وعندها لا تصبح (السرية) مبررة إلا إذا كانت نوايا المقيمين في العمل السري استمرارًا لنوايا المنظمة.

﴿قَدْ مَكَرَ الَّذِينَ مِنْ قَبْلِهِمْ فَأَتَى اللهُ بُنْيَانَهُمْ مِنَ الْقَوَاعِدِ فَخَرَّ عَلَيْهِمُ السَّقْفُ مِنْ فَوْقِهِمْ وَأَتَاهُمُ الْعَذَابُ مِنْ حَيْثُ لَا يَشْعُرُونَ﴾ [النحل: 26].

حسن العلوي – لندن – تشرين الثاني 1990

التبشير السري

هل يكفي تنظيمًا سياسيًا أن يحظى بأتباع متمرسين بأعمال التبشير ليتحول بعد سنوات لحزب حاكم؟!

أليس هذا الذي يتبجح به كتَّاب تناولوا تجربة **البعث**، وركزوا على المبشرين كسبب لنجاحاته؟!

أليس تبسيطًا متناهيًا في سذاجته لتحليل بناء قواعد حزبية تتلقى تعاليمها من شخص لا تساعد حتى مفردات اسمه على أن يكون له أتباع في بلد لصيق بأعراف القبيلة ومحشو بأحزمة الأئمة؟!

أم أن الطلاب القادمين من لواء الاسكندرون لبغداد أواخر الأربعينات وضعوا في أذهانهم أن أحاديثهم القومية المبسطة، ستنجب حزبًا ومنظمة أنجزت كل هذه الأدوار السياسية وقادت بلدًا يوصف بالصعب القياد، ويشكو عدم التجانس. فهل كان طالب الهندسة الصامت الخجول فؤاد الركابي القادم من الناصرية يتصور أن يؤسس مع طالب الطب الطيب القادم من النجف تحسين معلة، وثالث هو شفيق الكمالي طالب الآداب، وآخرين حزبًا يذبح بعد سنوات زملائهم الذين

لطالما دخلوا معهم في مناقشات تنتهي بانتصار الفريق المسلح بالنظرية الماركسية دون أن ينسحب المهزوم من (ال)ساحة، (ما) سيجعل عدم اكتمال نظريته وشمولها سببًا للهجوم على الطرف حامل النظرية الكاملة. لقد استخدم البعثيون الأوائل الضعف الواضح في نظرتهم كعامل قوة في الهجوم على الماركسيين حاملي النظرية الجاهزة المعلبة. وينسى البعثيون بإصرار أنهم أتباع لعفلق القادم هو الآخر من فرنسا حاملًا علبة أفكار استشراقية، إن البعثيين الأوائل كان ممكنًا أن يخسروا في أول جولة من زملاء لهم يتمسكون بنظريتهم الدينية التي لا يتجرأ منتقدوها على اتهامها بالقدوم من الخارج لولا أن تكون الجماعات الدينية محشورة في زاوية. وقد ساد تكريس حملة يسارية على الجماعات الدينية أن بعض رجال الدين كانوا يعملون في برنامج يحذر من انتشار الأفكار اليسارية، فاعتبروا دعاة ناطقين برغبة الأجهزة الأمنية المعادية للحركة الوطنية. لاشك أن البعثيين الأوائل كانوا يحملون أفكارًا معادية للاستعمار، وكان ما أسميه: "**جيل التأسيس**" مشبعًا بروح الثورة المصرية ومبادئ باندونغ وبالدعوة للوحدة. ولما لم يكن **للبعث** تراث نضالي لجأ لتبني الحركات والشخصيات القومية والوطنية في البلاد العربية مختفيًا وراءها زمنًا طويلًا، ما ساعده على الظهور بمظهر قومي. أما أنا فاتصلت **بالبعث** منذ

أواسط الخمسينات، ولم يغادر عمودي الصحفي منذ 1958 حتى خروجي من العراق (1980) دائرة التبشير الحزبي رغم أن شريطًا من أسماء البعثيين الأوائل، كان ينتصب أمامي: قتلى في طور التنفيذ، وقتلي في طور الانتظار. وإذ كان مناضلو الأحزاب هدفًا لسلطة تطاردهم، فلم تكن الملكية معنية بمطاردة البعثيين، صاروا أهدافًا سهلة لأسلحتهم الحزبية التي اعتادت (دعوتهم) لاجتماع حزبي استثنائي، فتتحول قاعة الاجتماع لمصيدة فئران تنتهي بمجزرة حزبية!

فإذا كان ذلك أمرًا شاذًا، وغريبًا على طبيعة العلاقات الإنسانية، فالأغرب أن يصير العراق قاعدة لأفكار وتنظيمات عفلق. فما الوسائل التي استخدمت في الوصول للنتائج الأخيرة؟

سأشير لتنوع الخطاب الحزبي في حملة التبشير دون أن أقر أنها أثمرت قيام تنظيم كـ (**البعث**). ففي توازنات دولية معقدة، وفي بلد رابض على بحيرات النفط لا يعقل أن تحقق حملة تبشيرية كل هذه النجاحات!

لو بقي البعثيون طلابًا والسلطة مدرسة مسائية لما استطاعوا الخروج منها، والعودة إليها بهذه السهولة.

بيئة التبشير

الظروف الموضوعية لم تكن لصالح قيام تنظيم بعثي. فالبيئة غير صالحة لنمو أفكار عفلق. فالعراق دار الحضارة وموطن الأئمة.. ..ولأنه يشرف على الصحراء ظلت أعراف القبيلة سيدة الأعراف فيه، ولا أظن أن(ها) ستقبل عفلق عضوًا فيها فكيف حدث العكس؟!

انتمى أبناء القبائل **للبعث** ليكونوا أتباع عفلق لا أتباع شيوخهم. وفي العراق جيش محترف نشأ في أحضان العسكرية التركية الصارمة وتربى في أحضان العسكرية البريطانية المنضبطة. لقد أكلت المنظمة الجيش. وحالة واحدة في التاريخ تدعم نجاح تجربة المنظمة السرية: المماليك. جاء المماليك كما جاء عفلق، وكان معظمهم غلمانًا معروضين في سوق النخاسة قبل أن يصبحوا ولاة العراق وسادة أهله.

لغات التبشير السري

استخدم البعثيون لغات تبشير ونجحوا في تكليم الناس على قدر عقولهم ومنها:

1- الخطاب الديني:

ففي أيام التأسيس الأولى كان الحزب يواجه عقدة انتشار حزب سري كبير: الحزب الشيوعي، وكان عليه طرح خدماته أمام الوسط الديني بالتعريض بالإلحاد الماركسي، فجرى التركيز على الظهور بمظهر متدين، وأكدت تعليمات حزبية مشددة ضرورة احتفاظ الجهاز الحزبي بمظهر ديني، وإن لم يكن الأتباع البعثيين متدينين لاسيما في أعقاب ثورة 14 تموز 1958 فوجد رجال الدين أملًا في الاعتماد على البعثين أتباعًا. ولجأ الحزب آنذاك لطريقه تخلو من المثل، فجرى تمزيق المصاحف واتهام الشيوعيين بذلك، وكان يكفي لإدانة المتهم (شاهدان) يقسم كلاهما كذبًا، ويصدر الحكم على برئ. وكان الحزب وضع جدولًا للفروق بين العلماني والملحد وعكفت منظمات حزبية على إعداد حفلات المولد النبوي، وكان كاتب السطور مسئولًا عن إعداد خطب المتحدثين في معظم(ها). فهل كان الحزب صادقًا في خطابه الديني؟ أم أنه جعل(ه) حاجزًا يختفي خلفه؟

- إن الجذر التأسيسي للحزب يقوم على طرد الدين من الحياة، وتبنى الفكر العلماني ومقاومة المشاريع السياسية والفكرية التي تستهدف إعادة الاعتبار للدين كمصدر للتشريع وكعقيدة إنسانية **[راجع تقرير**

المؤتمر التاسع للحزب] أما أن يصبح الحزب دينيًا ويركز على الخطاب الديني وهو يمتثل فكريًا لعفلق فهو أمر يستغفل بل يستهزئ بالعقل العربي. والذهن الإسلامي ومسامع المسلمين تنصرف إلى الله أو الإسلام أو النبي مُحَمَّد ﷺ كلما وردت كلمة هدى ويهدي وهادي، ولا يعرف لا في التراث الإسلامي ولا في حياة المجتمع الإسلامي أن كلمة الدليل الأمين يمكن أن ترتبط بغير النبي مُحَمَّد [ص] بينما تنصرف أذهان أتباع الحزبيين لعفلق لا إلى الله حيثما وردت كلمتا: الهادي والأمين. تم إجراء تحوير أساسي في الدعاء الإسلامي ووضع المرشد الروحي للحزب: عفلق، موضع الله الذي وحده يضيء ظلمات الشك.

لنقرأ الدعاء في جريدة الثورة الناطقة بلسان الحزب (26 حزيران 1989) بتوقيع رئيس التحرير: **"يا مهندس روحي وسيد فكري ودليلي في دروب حياتي. في ذروة الحيرة وقلة الوعي وحيث يصعب على المرء أن يتبين الخيط الأبيض من الأسود كنت ألجأ إليك فأختار المكان الذي اخترت والموقف الذي وقفت، فتخرجني من حيرتي وتضيء ظلمات شكي وتمنحني من الفيض ما يضعني على الطريق الصواب ويقودني إلى أرض اليقين.**

أيها الدليل الأمين منذ نصف قرن وفكرك يسبق الدنيا إلى الحقيقة، فنم مطمئنًا أيها المعلم الهادي يا من كلماتك المنار الذي نهتدي به والظل الذي نستظل بأذياله والضمانة التي تعصمنا من الزلل والانحراف".

وضع الحزب برنامجًا واسعًا لمصادرة الفكر الإسلامي ومطاردة أتباعه حتى أولئك الذين في صفوف الحزب ممن يحملون نفسًا دينيًا أو رغبة في كسر الحدة العلمانية وتلطيفها. ويبدو أن تصفية المفكر القومي الرزاز الأمين العام السابق للبعث (أعدم في 1980) في هذا السياق. حاول الرزاز إقامة نظام فكري جديد للبعث أقل معاداة (لـ)الإسلام. كان الجانب الوحيد الذي حقق الحزب فيه نجاحًا ملموسًا ومصداقية واضحة بين الفكر والممارسة يتعلق بموقفه من الدين، فقد نفذ وبطريقة مدهشة ما كان يبشر به دعاته العلمانيون ومخططو مشروعه التغريبي. أعتقد أن هذا ما دفع طارق عزيز لأن يجيب بنعم كبيرة على سؤاله.. هل مات عفلق راضيًا؟

2- الخطاب الطبقي:

110

ويستخدم في الحالتين.. مع الفلاحين والعمال والفقراء فيستعير المبشرون مصطلحات ماركسية خالصة في مهاجمة الرأسمالية. في الحالة الثانية كان(وا) يحاورون شرائح برجوازية بأن حزبهم لم يظهر إلا لحماية المجتمع من المصادرات الاشتراكية، ما ساعد على انتماء تجار وأصحاب رؤوس أموال للحزب أو تمويل نشاطات(ه).

الخطاب القومي:

استحوذ المبشرون البعثيون على إقطاعية حزب الاستقلال الذي كان يفقد أجزاء من(ها) بظهور كل منظمة جديدة **للبعث** وكان السلاح البعثي في الهجوم على مواقع حزب الاستقلال بالبرجوازية وبالأسلوب الثوري الذي دعا إليه البعثيون مقابل الطريقة الدستورية للاستقلال، لكن اتهامًا آخر وجهه البعثيون للاستقلال هو اقتصار نشاطه على العراق، أي أن نظريته إقليمي(ة) بينما طابع التنظيم البعثي: قومي. واختفى البعثيون خلف عبد الناصر بين 55 – 1961 قبل أن ينقلبوا عليه. والخطاب القومي **للبعث** كان يخلو تمامًا من أي صلة بالميراث القومي العربي.

الخطاب العلماني:

وفي محادثة الشباب يجري تأكيد أهمية الانفتاح على الحياة الغربية. لكن عاملًا آخر في انتشار الحزب يتصل بطبيعة العمل السري ونشر الأتباع في الوسط الاجتماعي وهي صيغة لم تكن مألوفة. كانت الأحزاب تستقبل نمطًا خاصًا من المؤهلين كالمحامين والصحفيين وزعماء المحلات الشعبية وشيوخ العشائر. ولتلك الأحزاب طقوس مستمدة من طبيعة الحياة البرجوازية لزعمائها حيث يخصص زعيم الحزب يومًا في الأسبوع يسمى [القبول] لاستقبال السياسيين وقليل من الصحفيين والمثقفين، بمعنى أنه ليس اجتماعًا مفتوحًا. ويتمسك الزعيم اليساري واليميني والحاكم والمعارض بأتكيت القبول بينما يجري في جانب آخر التشهير برجال الصالات في الأدبيات الشعبية. ومن يقرأ كتاب رفعت الجادرجي عن والده كامل الجادرجي وهو يستعرض طريقة حياته ومستوى زائريه يصاب بالدوار حتمًا. فقد هاجم الجادرجي الأب زعيمًا وطنيًا بارزًا هو جعفر أبو التمن وسخر منه؛ لأنه كان يشرب الشاي بصوت بالطريقة الشعبية. فإذا كان أبو التمن الوزير والزعيم والقائد لا يصلح أن يكون زبونًا محترمًا في صالة الجادرجي فكيف يمكن للناس البسطاء أمثالي أن يدخلوا صالته. ولهذا لم يكن لزعماء الأحزاب مريدون

صغار إلا في حالات قليلة، وبغير ذلك لا يسمح إتكيت العمل السياسي بظهور تلامذة للزعيم سوى أبنائه وأبناء عائلته. في جو كهذا يظهر تنظيم حزبي ليس له صالة ولا موعد ولا إتكيت ولا طقوس ولا من يتنصت على صوت شربة الشاي، ولا من يراقب حركة الإصبع وزاوية السيكارة في الفم. أي أن الحزب، وهذا جانب جدًّا مهم، هو الذي يأتي إليك. الحزب: طالب مثلك عامل مثلك موظف صغير يعاني ما تعانيه والحزب نشرة دائمة تفتح لك مغاليق العالم وأنت في قرية نائية، وتمارس وأنت طالب في قرية دور الزعيم السياسي. وفي **البعث** سداسية تنظيمية تقدم لك القيادة مع صحن الشاي وحيثما كنت. إنك في منظمة عفلق ستشبع قيادة، ستكون قائدًا دائمًا، وأنت في واقع الحال قد لا تملك حرية قدميك. إنها تمنحك السطوة النسبية. (و)إذا كان عفلق الأب الروحي والتنظيمي للدولة فإن صدام (هو) الابن البار الأجدر من تلامذة عفلق لحمل رسالته.

سلطة المنظمة الأولى

أنجب التبشير حزبًا وصار الحزب عضوًا في جبهة الاتحاد الوطني (1957) لمعارضة سياسة العهد الملكي، لكن اسم **البعث** لم يكن

شائعًا، ولم تكن الملكية معنية بملاحقة نشاطه، بل كان الأمن يغض النظر عن نشاط(ه)، بينما يرى جناحٌ في السلطة أن **البعث** يمكن (استخدامه) لمواجهة (الشيوعيين). وانتهج الحزب سياسة موالية لعبد السلام عارف وتبنى شعار الوحدة الفورية مع مصر. (و)لم يضع قاسم حسابات تأخذ بنظر الاعتبار أخطار **البعث**، فنظر **للبعث** باعتباره حزبًا صغيرًا. وفي 5 تشرين الأول 1958 صدر قرار بتنحية عارف، وخرجت مظاهرات شعبية تهتف بموت "**البعثية**"، (و)كان اسم **البعث** حديثًا على المسامع. وكما أخطأ نوري السعيد، أخطأ الشيوعيون، وكما كان كل معارض للحكم الملكي شيوعيًا بفهم الشرطة السرية أصبح كل معارض لحكومة قاسم بعثيًا بفهم اللافتات والأهازيج الشعبية. استهدف قاسم من أبعاد عبد السلام عارف إنهاء الضجيج الثوري، أما الشيوعيون فرأوا الحادثة) فرصة لإبعاد **البعث**، فإذًا هي فرصة **البعث** لتحقيق وجود قوي ومستمر. وإذ كان المتظاهرون يحتفلون بذكرى مرور عام على "**موت البعثية**" اهتز الشعب لبيان الحاكم العسكري العام (7 تشرين الأول 1959) عند تعرض عبد الكريم لمحاولة اغتيال، وكان البعثيون وراء المحاولة التي كانت من أبرز نقاط التحول لصالح **البعث** بسبب طبيعة العملية التعرضية واهتزاز الكثير من الناس للشجاعة التي أبداها

المقتحمون. كان البعثيون يكسبون نصيرًا جديدًا مع كل إجراء جديد تقدم عليه حكومة قاسم بين 1958 و1963، فإذا أصدرت الثورة **قانون الإصلاح الزراعي**، وأعادت النظر في الحيازات وانتزاعها من الملاك الكبار وشيوخ العشائر، اصطف البعثيون مع شيوخ العشائر.. وإذا اعتمدت السلطة على الجيش ووجهت الصحافة انتقاداتها للشرطة تسلل البعثيون وأقاموا أول تنظيم سياسي سري في تاريخ هذا الجهاز. وعندما تصدى علماء الإسلام لنشاط الشيوعيين تحول البعثيون لأتباع مخلصين. وتبنى **البعث** الاحتفال السنوي لذكرى الميلاد النبوي الشريف ووزع تعليمًا صارمًا بضرورة ظهور البعثيين بمظهر الحريص على الدين. وكان **البعث** يحشد خصوم الاتحاد السوفياتي ويدعو لاتحاد القوى المناوئة للمعسكر الاشتراكي في جبهة عريضة، وبهذا أصبح الحزب وعاءً كبيراً لخليط سياسي واجتماعي وفكري يحتضن القوميين الملكيين والقوميين الجمهوريين، ورجال الدين وشيوخ الإقطاع، ويستقطب الوحدويين الخلصاء، والقوى التي استخدمت الوحدة لضرب الثورة، وبات طبيعيًا أن يلتقي في منظمة الحزب البعثيون والناصريون، والذين وجدوا في **البعث** منفذًا لعمل سياسي مضاد للثورة. إن حجم الجيل الثاني للحزب بدأ يطغي على البعثيين الأصوليين، الذين تشبع جناح واسع منهم بأفكار

عبد الناصر بينما تشبع الجيل الثاني بأفكار رد الفعل في ثورة تموز والدعوة لإبادة رموزها. ولم يكن بين الجيل الثاني وتراث الحركة الوطنية أواصر. وأبرز ممثلي الجيل الثاني الذي ظهر بعد ثورة 14 تموز هم أبناء القوى والمناطق الواقعة في أعالي دجلة والفرات، بمن فيهم العسكريون الذين اكتشفوا في منظمة الحزب مجالًا لعمل مضاد لثورة تموز، (كالعقداء): البكر وطاهر يحيى ورشيد مصلح وآخرين، ومن هذا الجيل كان البكر وصدام والطاقم الحزبي الذي اكتسح الجيل الأول. هذا التشكيل البعثي الجديد أصبح مرشحًا لقيادة ثورة مضادة أطاحت بثورة 14 تموز والقوى السياسية المساندة لها في 8 شباط 1963م.

سلطة المنظمة الأولى

[حركة 8 شباط 1963] أبطالها صامتون. فإذا تحدثوا فحديثهم لا يشبع حاجة ألسنتهم عن أسرارها. وخصومها لا يعرفون من سرها أكثر مما يعرف الجندي من أسرار.

فهل يختفي وراء صمتهم سر كبير؟

أم أن هؤلاء الذين نعرفهم أبطالًا للانقلاب وهم — أعضاء بارزون في قيادة المنظمة السرية **للبعث** — لم يكونوا سوى عناوين على جدار يجلس وراءه المتآمرون الكبار الذين وحدهم يحتفظون بأسرار الانقلاب. ذلك أن ظاهرة ملفتة للانتباه أن خلفيات الانقلاب الدموي في 8 شباط 1963 المسمى [ثورة 14 رمضان] مجهولة بينما لم يعد شيء من خلفيات ثورة 14 تموز مجهولًا. لقد لمست من خلال استجوابات ومناقشات مع قادة **البعث** أنهم لا يعرفون إلا القليل عن القرارات الحزبية التي اتخذت قبيل الانقلاب. أما خصوم الانقلاب فانصبت اهتماماتهم على مشاهد الموت، وأحداث درامية رافقت شهور الانقلاب التسعة، وهو في معاييرهم وأحكامهم يوم تحولت الوحدة العربية فيه لسمكة قرش جائعة وصارت أهداف الأمة النبيلة مخالب مزروعة في أجساد الموقوفين داخل معتقلات الحرس القومي. والحرس القومي اسم جديد لم يعرفه (قبلاً) لا البعثيون ولا الناس. وقيل في حركة 8 شباط شيء من هذا القبيل، فإذا مر على أحداثه المحللون تحولوا لخطباء (ثم) لمهرجين. فأي الفريقين على صواب؟

إن الطرف المنتصر هو الذي يصح أن يكون الجزار الكبير.

فلو انتصر المدافعون عن ثورة 14 تموز على الطرف المعادي، والذي يقود محاولة انقلابية في يوم 8 شباط 1963 لتحولت سطوح المنازل لساحات إعدام. لكن أعداد البعثيين كانت من القلة بحيث يستحيل عليها تلبية حاجات القتل المطلوبة لمواجهة (الشيوعيين)، وشعب كان قاسم يعيش في وجدانه. فهل كان حديث المجازر مجرد بلاغات معادية أم أن مؤسسة أخرى نهضت بمهمة التقتيل. ولم يقف المتحدثون إلا لماماً أمام العامل الدولي في حركة 8 شباط 1963. وقد تحرش عبد الكريم قاسم بالمصالح النفطي.ة وإصدار قانون رقم 80 الذي أعاد أكثر من 90% من النفط للحكومة العراقية، ترك هزة كبيرة أسواق العالم المالية والنفطية ولم يكن إجراء بهذا الحجم سيمر بسهولة. حدثني العلامة السيد مرتضى العسكري (لندن 30 حزيران 1990) أن (أحد) وزراء قاسم أخبره بعد صدور (ال)قانون بأن قاسم بدأ جلسة مجلس الوزراء المخصصة لمناقشة وإصدار (ال) قانون بقوله:

تعالوا نوقع على الحكم بإعدامنا ثم وقع ووقعنا بعده.

(و)يستشهد المتحدثون والكتاب بمقولة علي صالح السعدي زعيم الحزب المساهم في حركة شباط: **إننا جئنا إلى السلطة بقطار أمريكي**. (و)أيضًا نشير للاجتماع الذي دعا لعقده عفلق في ألمانيا

الغربية صيف 1963 وفيه اتخذ قرار الثورة المضادة على حكومة 14 تموز وسمي الاجتماع: **"المؤتمر القومي الثالث للحزب"**، مع أنه اقتصر على مجموعة صغيرة. (و)يلاحظ غياب سريع لشعار [الوحدة الفورية] الذي ظل مرفوعًا بوجه قاسم وقد أعدم لأنه لم يستجب للشعار، لكن تلفزيون بغداد عرض مقابلة مع ضباط وحدويين وهم يقدمون اعترافاتهم حول تورطهم بانقلاب وحدوي، وأعقب ذلك حملة إعلامية ضد عبد الناصر والقوميين المطالبين بالوحدة الفورية (بينما) كانت افتتاحيات الصحف وتعليقات الإذاعة تشدد لهجتها الهجائية ضد قاسم، الذي لم يبادر للوحدة الفورية!.

ظهور سلطة القرية

لكن متغيرات جديدة بدأت بالظهور، كانت مؤسسة جديدة تنشأ مع نشوء حركة شباط، قائمة على أواصر الولاء الجغرافي الصغير للقرية بديلًا للولاء القومي الكبير. كان البكر من تكريت، والحاكم العسكري العام رشيد مصلح كذلك، ومعهما رئيس أركان الجيش طاهر يحيى فضلًا عن حردان التكريتي قائد القوة الجوية، وشهدت مؤسسات الدولة نزوحًا قرويًا هائلًا، فبات واضحًا أن نعرة تكريتية تتوافق مع نعرة

محلية أخرى لم يعد معها الانتماء القومي ولا الولاء الحزبي معيار تقييم المواطن. وبسرعة نمت ولاءات محلية وعائلية وإقليمية، وهو أمر يدعو للدهشة، فأدبيات **البعث** تطمع بولاء أوسع يتجاوز حدود القطرية، وكانت إحدى أهم مرتكزات نقد قاسم أنه كان إقليميًا. إن ملامح تأقلم السلطة القومية الجديدة كان ظاهرة مخيبة للآمال، .....، والولاء لمسقط الرأس: لقرية أم مدينة صغيرة.

وهكذا نشأت سلطة القرية تحت شعار الدولة القومية الكبرى!!

ومنذ ذلك الحين حتى يومنا هذا صار الحزب يستمد "**شرعيته**" من تحالف القرى لا من تحالف القوى القومية والاجتماعية.

صدام حسين و8 شباط

أرسى انقلاب 8 شباط سابقة جديدة في العراق، فهي المرة الأولى التي تنجح المعارضة بانقلاب، بينما كانت الانقلابات الأخرى تصدر من داخل المؤسسة الحاكمة ضمن صراع السلطة. وهي المرة الأولى التي يخضع العراق فيها لحكم الحزب الواحد، والمرة الأولى التي تخترق فيها الأعراف العسكرية التي شهدت الترقية بالطفرة ومنح رتب

عسكرية لمدنيين. لم يكن صدام (آنذاك) سوى عضو في تنظيم الفلاحين، لكن ورود اسمه في محاولة (ال)اغتيال (تشرين الأول 1959) وقرابته برئيس الوزراء البكر وبالحاكم العسكري العام رشيد مصلح التكريتي وبرئيس (ال)أركان طاهر يحيى ساعد(ه) على بناء نفوذ ما، لكنه لم يكن مؤهلًا في أية مواصفات لدور أكثر من حمل البندقية ومطاردة خصوم السلطة، (و)عدم وجود دور له لا يعني أنه لم يستفد من الرابطة التكريتية، وقد أتيحت له فرصة لتأكيد ولائه لهذه الرابطة. ففي انقلاب قادة عبد السلام عارف بالاتفاق مع ضباط تكريتيين على **البعث** (18 تشرين الثاني 1963)، شوهد صدام (ب)جانب رجال الأمن آخرين يهاجمون مقرات الحزب فأصدر البعثيون تعليمات بالقبض عليه، لكن الانتصار السريع للانقلاب أنقذ(ه) من العقاب. وفي موقف صدام هذا يبدو ولاؤه القروي ورابطته التكريتية، قد طغت على ميوله الحزبية فبلغه رشيد مصلح بمهمة كشف تنظيمات البعثيين. وكان ذلك التكليف سببًا يعزو إليه بعثيون سابقون إقدام صدام على إعدام مصلح ليقطع دابر أي اعتراف قد يصدر عنه. إن صدام تصرف مع قادة الانقلاب للحزب تصرفه مع قادة محاولة اغتيال قاسم، فأعدم أو اغتال قادة بارزين ساهموا بانقلاب شباط الذي جاء **بالبعث** للسلطة، فجعل **البعث** من اسمه

عنوانًا للثأر من قاسم، واغتال صدام، وبطريقة تخلو من الشهامة قائد الهجوم العسكري على وزارة الدفاع اللواء عبد الكريم مصطفى نصرت، وأعلن بيان أن غلامًا منحرفًا كان اللواء عزت على صلة جنسية به هو الذي اغتاله بمنزله!.

وما برح صدام يكيل لقادة السلطة الأولى للحزب الاتهامات في أحاديثه، فوصف رفاقه المبعدين بأنهم تجار رخيصون، في الوقت الذي كان متوقعًا من تلميذ ناشئ وهو يستلم سلطة الحزب أن يولي اهتمامًا خاصًا لرفاقه الكبار.

انهيار الدولة العراقية

العراق يخضع لحكم المنظمة السرية لا للحكم العسكري، والقرار يحمل مناخ المنظمة السرية وطقوسها ويحمل سايكلوجية الكادر الحزبي في الوقت نفسه. ولعلنا في هذه المحاولة نسعى لإعادة تنظيم المكتبة وإقامة الرف الثالث الخاص بدولة المنظمة السرية يضاف للرفين الرئيسين.. المدني الديموقراطي والعسكري الديكتاتوري. إن حكم المنظمة السرية نظام ثالث. إذا تجاوزنا الحركات السرية في العصور الإسلامية تبدو المنظمة السرية نتاجًا خالصًا من نتاجات السلطة لا المجتمع، ففي

أعقاب وفاة الملك فيصل الأول (1933) ضربت العراق موجة قمع سياسي شارك فيها معظم رجال السلطة، واستخدم الجيش في مهمات الجندرمة، واعتبر العمل السياسي المعارض [فعلًا جنائيًا] يحال "مقترفوه" لإدارة التحقيقات الجنائية، وكانت الشرطة تستقبل في وقت واحد وقاعة واحدة طالبًا محتجًا وزعيمًا سياسيًا معارضًا ومجرمًا من ذوي السوابق. واستفاد **البعث** من جانبه كثيرًا من هؤلاء وهم الآن قادة مرموقون.

(و)منظمة **البعث** التي مارست دورها في العراق من 1963 استطابت العمل في جو السرية حتى والحزب يقود السلطة وأجهزتها الأمنية الضاربة.

فلماذا الحزب السري في حكم الحزب؟!

هل يمكن أن تستهدف السرية هذه المرة حماية المنظمة من المجتمع لا من السلطة وكيف تشكلت هذه الجدلية.. أن يختفي الحزب الحاكم عن المجتمع المحكوم؟

هل لأن سرية الحزب الحاكم تحجب عن المحكوم صراعات الحزب الداخلية وشخوصه غير المؤهلين؟! أم لأنها تجعل أساليب عمله مختبئة في المنظمة. وجوه تمارس أعمالًا يحرص الحزب على (إبقائها) تحت الأرض.

123

تقاليد المنظمة السرية

المنظمة السرية ليست جزءًا من هيكل الدولة ولا هي هيئة اجتماعية معترف بها ورجل المنظمة يرى نفسه هدفًا لأعضاء الهيئة الرسمية والهيئة الاجتماعية، وعليه أن يتخذ من إجراءات التستر ما يجعله أقرب إلى خيوط الشبح! وطبيعي ألا يتيح التستر إقامة علاقات **"حسن الجوار"** مع جيرانه، ولا يجرؤ على الدخول بمجاملات مع المحيطين بالمخبأ!

إن الشك وعدم الثقة والريبة **"موضوعية"** ينبغي أن يتحلى بها سلوك المنضوي في العمل السري.

هذه مفارقة كبرى!!

فحيث المسلمات السياسية أن ينفتح السياسي على المجتمع تجد رجل المنظمة السرية الساعي لـ**"قيادة المجتمع"** غائبًا عن المجتمع.. إنه بلغة بيانات الشرطة مجهول محل الإقامة والهوية!

إن السياسة اتصال والمنظمة السرية انقطاع!

والسياسة ظهور والمنظمة السرية غياب. لكن جدلية أخرى تملى عليك معادلاتها الخاصة فيصير السياسي البارع هو ذلك الخارج من جحور المنظمة. فإذا سارت الحياة سيرها الطبيعي سارع الحزب لضخ أحداث لتجاوز الحالة المرضية، السير الطبيعي، والتي يطلق عليها عادة مصطلح الترهل أو الاسترخاء أو الخدر!

المطلوب إذن أقصى درجة من التيقظ، التوتر، وأعلى درجة من الحزم!

والخدر أن ينسى الحزبيون أنفسهم ويندمجوا في الحياة العامة. وكإجراء تقليدي تلجأ سلطة المنظمة للإعلان عن خطر داهم، مؤامرة محلية مثلًا..

هكذا سيناريو الحياة المثالية في دولة المنظمة السرية!

وعلى ضوء موروث المنظمة وسايكولوجية العمل السري تتحرك الدولة وتتحدد علاقاتها الداخلية والخارجية. ولما كان العدو في هاجس المنظمة السرية هم: الناس، وكنتيجة متوقعة يصبح مستساغًا التنكيل بالجار، وابن المحلة، والصديق والزميل... ويصبح من غير المعقول (إقامة) علاقات بين رجل المنظمة ومجتمعه بل أن يكون من [آداب العمل السري] أن تتجاهل الحديث وأن يحتقن وجهك بالصلف وقلبك

125

بالشك.. هكذا رجل المنظمة السرية.. فإذا صعد سلالم القبو وركب ظهر السلطة حاملًا نواميس المنظمة، صار من غير المفاجئ أن تتأزم علاقة الدولة (و)المنظمة السرية، وبين جيرانها وأن تتسم العلاقة الديبلوماسية مع دول العالم بالتوتر.

الكادر المسؤول

طبيعي ألا تصلح المنظمة مجالًا حيويًا ناجحًا لنمط من الناس يشكلون عمودها الفقري ويسمونهم الكادر المتفرغ. المسؤولون الحزبيون عادة أشخاص غير مسؤولين عن شيء، يساعدهم آخرون غير متفرغين وهؤلاء (بسبب انشغالاتهم السرية) غير فعالين في مؤسساتهم!

إن الخاملين في المجتمع وغير الفعالين هم الفعالون النشطون في المنظمة!

ولهذا لا يكون الكادر الحزبي عالمًا اجتماعيًا أو مؤرخًا أو طبيبًا مرموقًا، فمن تقاليد العمل في المنظمة السرية أن ينظر بعدم اكتراث للمثقفين وللنخبة العلمية باعتبارهم غير مؤهلين لأداء مهماتهم الحزبية،

بينما يجري التركيز على الخاملين والفاشلين لتشكيل كادر المنظمة الذي أصبح (لاحقاً) الكادر القيادي للدولة.

هنا أقدم شهادتي

"كان صديقي البروفسور خالد مُحَمَّد سعيد أستاذ جراحة الدماغ في كلية الطب ببغداد عضوًا معي في منظمة واحدة وكان مسؤولنا الحزبي ويدعى عبد القادر حمادي العاني بائع تذاكر في شركة الباصات الحكومية يضايق الدكتور خالد ويتعمد تكليفه بحمل لافتات القماش وتثبيتها في أماكن خاصة من الساحات العامة احتفالًا بذكرى الثورة، فإذا اعتذر عن ذلك اعتبر متمردًا على أوامر الحزب، أو غير منضبط في أحسن الأحوال!

وكان صاحبي يتمنى لو حضر شقيقه الأصغر هذا الذي أخفق في الحصول على مرتبة علمية ليستعين به على هذه المهمة! لقد اختفى الدكتور خالد فجأة وأظنه هاجر إلى خارج العراق، وظهر في الشهور الماضية اسم أخيه الأصغر [إياه] سلام مُحَمَّد سعيد وزيرًا للصحة ليكون أول وزير صحة عراقي لا يحمل شهادة طبية.

إن الحزب يرفض جراح الدماغ عضوًا ويقبل شقيقه الفاشل وزيرًا للصحة، هذه ليست حالة خاصة ولا هي مفارقة تصلح للتندر بقدر ما هي مادة رئيسية في قانون العمل الحكومي على ضوء تقاليد المنظمة السرية".

القيادة المركزية للحزب ستكون حكرًا على غير المؤهلين علميًا وثقافيًا وفاقدي الاختصاص وذوي الإمكانات المحدودة. وبسبب الطبيعة الأمنية للمنظمة سيكون الخاملون القادمون من القرى المعزولة أصلح الشرائح الاجتماعية للحياة في(ها). وعكس شعور الإنسان خارج المنظمة بالضيق من حياة العزلة والتآمر، يشعر الكادر الحزبي بمتعة نفسية في عمله السري!.

المنظمة السرية والدولة

المخبأ الملفوف بالغموض المعبأ بمشاعر العداء ضد الدولة وهيكلها يتحول فجأة لدولة!

الكادر المقطوع عن المجتمع غير المروض يصبح كادر الإدارة الحكومية!

واستنادًا للمعايير الثورية فإن عليه لا أن ينسجم مع شروط الدولة، بل أن ينسخ قيم المنظمة وتقاليدها إلى الدولة وإحلال نواميس العمل السري محل الأعراف الرسمية. إن جهدًا استثنائيًا سيبذل في مهمة التحويل التي تقضي أولًا بإيقاف تطور نمو الدولة ومؤسساتها، وجعل مقياس نجاح السلطة الثورية مرهونًا بحجم التحولات التي ستحدثها في هيكل الدولة وأساليبها لصالح هيكل المنظمة وأساليبها. إن الدهشة ستكون كبيرة من قدرة المنظمة السرية على ابتلاع الدولة، لكن قدرتها على ابتلاع الجيش أمر يدعو للإعجاب!

لقد أكلت الفأرة القط السمين.

وفي عملية الاستحواذ على الدولة ينشأ صرع هو الآخر غير مسجل في سجل الصراع الإنساني المعهود! إذ ينقض ومنذ ساعات الأولى لسيطرة المنظمة على السلطة الكادر الحزبي به بموروثه السايكولوجي وفقره الإداري على مفاصل الإدارة فيصطدم بالخبرة المستقرة في جهاز الدولة ويناضل (لـ)طردها بما يسمى: التطهير!

إنه — الجهاز السري — يملك المسوغ الأيديولوجي، فالحزب أولًا ثم الدولة. وتبعًا لهذه النظرية فإن البروتوكلات ستتعرض لهزة يقف أمامها موظفو التشريفات مدهوشين إذ يأخذ القائد الحزبي موقعًا أعلى من

129

رئيس الدولة رغم أن الأعراف الدستورية تنص على أن لا رأس أعلى من رئيس الجمهورية!

إن الأمين العام للحزب عفلق في أول قائمة المراسيم، وشبلي العيسمي الأمين العام السابق ثانيًا.. ويأتي رئيس الجمهورية البكر الثالث!

(و)قد أصبح رئيس الجمهورية بعد وفاة عفلق، أمينًا عامًا للحزب ما يؤهل اسمه أن يتصدر لائحة التشريفات، وبهذا الإجراء نجح صدام في رفض (ما) استسلم له البكر. (و)بقي المسؤول الحزبي في الخطاب الرسمي يذكر قبل الحكومي وإن كان الحزبي طالبًا، والمسؤول الحكومي عميدًا ورئيس جامعة. ولا ينفك صدام يقلل من أهمية الخبراء والفنيين ويجبر ما قد يحققونه من نجاح للقيادة السياسية للحزب!

ومشاعر المنظمة قبل استلام السلطة ستظل مشحونة بالعداء إزاء أجهزة الدولة، وهي حالة طبيعية ناجمة عن كون المنظمة خارج هيكل الدولة وخاضعة لمراقبتها، يضاف عامل مهم يتمثل في شعور الكادر السري بالحرمان من امتيازات الوظيفة، هذا يفسر أسباب تقاعس دولة المنظمة عن إحداث أي تغيير لصالح الإدارة الحكومية وتركها تواجه

ظروفها المعاشية ما يجعل الإدارة الحكومية – تحت الحكم السري – مجالًا كبيرًا قابلًا للفساد والرشوة.

دولة المنظمة والانقلاب العسكري

ينفرد كل منهما بأسلوبه الخاص في إدارة الدولة والمجتمع – المنظمة السرية والانقلاب العسكري – ويشتركان في استحضار تجارب القمع وكونهما يخرجان من صلب غير شرعي ولا يحملان تفويضًا دستوريًا. رغم أن الانقلاب العسكري يضرب أعراف الدولة كمؤسسة شرعية فإنه يخرج من إحدى مؤسسات(ها) الأساسية [الجيش] ولا ترتبط المنظمة السرية بهيكل الدولة ومؤسساتها. هذا الفرق الإداري يسحب تأثيراته الكبيرة على نظرة المنظمة والانقلاب لأهمية الدولة فتضيق احتمالات اكتساح العسكريين لمؤسسات الدولة بالطريقة التي تلجأ إليها سلطة المنظمة، وقد تبدو مؤسسة الانقلاب ملتزمة بمسؤولية حماية الكيان العام للدولة. على أن رجل الانقلاب العسكري يتحيز لمؤسسته، فإنه لا يشترط المرور بها معيارًا وحيدًا للمواطنة الصالحة، وهو شرط يصر عليه رجل المنظمة السرية الحريص على أن تعمد المواطنة بماء المنظمة. (و)قد ينشد العسكريون في محاولة اكتساب الشرعية خلاصهم

في التقرب من أو في مجاملة المؤسسة المدنية، ولا تدفع تقاليد المنظمة السرية رجالها لاكتساب الشرعية عن طريق لا يمر بالمنظمة نفسها لاعتقادهم أن التشديد على الولاء للمنظمة هو وحده الذي يمنحهم (ال)شرعية. ومهما أوغل النظام العسكري في عدائه لشرائح ديمقراطية في الداخل، فإن العدو في تقييماته يظل خارجيًا وليس داخليًا (بينما) يدور رجل المنظمة السرية بعدائه على الوسط المحيط به فيبدو أعداؤه محليين (أولاً)، قد يعني ذلك أن احتمالات الصراع الداخلي لحد الإبادة الجماعية قد لا تكون هدفًا مباشرًا (لـ)الحكم العسكري بنفس الدرجة التي يستهدف بها رجال المنظمة السرية خصوم الداخل. من هنا كان ضحايا ستالين من السوفييت أعلى رقمًا من ضحايا هتلر من الألمان. وفي السياق نفسه أوشكت أن تختفي من الذاكرة اختراقات الحكم العسكري للرئيس عبد السلام عارف ورئيس وزرائه أمام ضحايا سلطة المنظمة. بل ارتفعت أسهم الشريك الأول البكر — نصف العسكري نصف الحزبي — في حكومة المنظمة السرية بعد انفراد [الحزبي كله]: صدام بالسلطة. وقد ينظر للانقلاب العسكري مخرجًا مقبولًا يستجير به مواطنو دولة المنظمة للخلاص، وهذا ما قد يفسر ترحيب أحزاب وطنية بانقلاب عارف (1963) ضد حكم المنظمة، (وكذلك) تأييد

الرومانيين للجيش ربيب شاوشيسكو للخلاص من حكم المنظمة. فرجل المنظمة شخصية ثالثة بين المدني والعسكري!

يتدرب (رجل المنظمة) على السلاح ويفرض على أتباعه نظامًا صارمًا قد يكون أضرى من الانضباط العسكري ويجري الالتزام بمبدأ [نفذ ثم ناقش] الذي يمنح العقل أجازة. فإذا ركبت المنظمة ظهر السلطة جعلت تفتيت المؤسسة العسكرية النظامية في مقدمة برنامجها، وباستمرار حكم المنظمة، تتسع قاعدة عسكرة المجتمع. ونسمع قعقعة السلاح بصوت واضح خارج الثكنة وتأخذ الروح العسكرية بالاضمحلال فتنتهي السرية لخليط غير متجانس بين (ال)عسكري و(ال)مدني ويفقد كل منهما نظامه وأعرافه المستقرة.

شرطي الحزب

(خلال) عام من استلام السلطة اكتفى صدام بقليل لا يرضى به أعضاء عاديون، فلم يظهر عليه حب السلطة، بل كان يدفع رفاقه لمسطحات الدولة فانغمسوا بالجنس والأضواء وهموم الإدارة وتعرف المجتمع على كبار المسؤولين، ولم يكن أحد يعرف إلا القليل عن صدام القابع في كوة المنظمة القانع بعمل حزبي بسيط، إنه فقط يوقع على

بطاقات هوية حزبية تسمح لحاملها بحمل (السلاح)، وكان يختار في معتكفه حاشية بسيطة بطقوس أكثر بساطة، وكان يشاركه في صفة الكادر المتفرغ آخر هو عبد الخالق السامرائي المسؤول عن حياكة شبكة إعلامية وثقافية (ل)استمالة المثقفين. ربما شعر أعضاء القيادة الحزبية بالرضا، فقد توصلوا — هكذا فهموا — لصياغة لتوزيع المسؤوليات.. فهم (ال)وزراء، وصدام متفرغ (ل)الشؤون التنظيمية، وقد يسبق زميله السامرائي في حياكة شبكته الأمنية وتزويدهم بمرافقين أشداء وحرس خاص!

كنت أحس ذلك الشعور لدى المستوزر للثقافة والإعلام عبد الله السامرائي (و)كان معجبًا بتعبير: **"توزيع المسؤوليات"**. (ف)صدام زعيم الجناح التعرضي سيتكفل بتصفية ناجحة وسريعة لرفاقهم السابقين الذين جنحوا لليسار (و)معهم 4/3 التنظيم. أما العسكريون (كنائبي رئيس الجمهورية) حردان التكريتي وصالح مهدي عماش، وحماد شهاب وزير الدفاع وسعدون غيدان حامل مفاتيح القصر الجمهوري السابق التي سلمها لرجال الانقلاب (17 تموز 1968) فلعلهم سخروا من صدام!.

بهذه الحجوم المدججة بالسلاح، ما عساها ستصنع مسدسات المنظمة؟

لائحة الجنرالات صرعى المنظمة قد تقدم إجابة: اللواء رشيد مصلح، اللواء مدحت الحاج، الفريق حردان التكريتي، الفريق عبد الرزاق النايف. هنا اكتشف رفاق صدام خطلهم التاريخي، فقد أعدوه لدور شرطي الحزب بينما كان يعد نفسه لدور جنرال المنظمة. توقيت جلوس الجناح اليميني **للبعث** على السلطة عام 1968 كان مناسبًا وصحيحًا بحسابات دولية. العامل الدولي أولًا.. وتأتي العوامل الأخرى ولا أهمية للتفاصيل ولا دور لمن ستبدو أدوارهم مثيرة للدهشة وهم يتسلقون هامات القصر الجمهوري.

مصيدة الفئران

لم تكن المحاصصة ترضي الفريقين لا في تشكيلة مجلس قيادة الثورة ولا مجلس الوزراء.. وأصبح واضحًا أن الفريقين يستعدان لإنهاء التحالف في أقرب فرصة. ولأنهم جميعًا عسكريون تصور النايف أن تحشيد الأنصار العسكريين في المراكز الحساسة سيمده بقوة التحكم في القرار الأول، أما البكر فكانت فرصته أقل في تحشيد قوات موالية، لكنه ترك للمنظمة السرية أن تحيك مخططًا عاجلًا لإقصاء شركائه. كانت خطة المنظمة سهلة وبسيطة جدًا، ولهذا لم يحسب العسكريون لها حسابًا

خاصًا، وسهولتها أنها تعتمد على معايير لم تكن مأهولة في المجتمع، فقد أوفد إبراهيم عبد الرحمن لاستطلاع القوات العراقية في الأردن وجرت استمالة الضابط الثالث سعدون غيدان، أما رئيس الوزراء النايف فلبى الدعوة لاجتماع خاص في القصر الجمهوري، وإذ أخذ مكانه في الصالة تقدم إليه من الخلف ثلاثة مسلحين بالمسدسات كان صدام أحدهم فاستسلم النايف وأرسل للمنفى. وكان البكر أصدر أمرًا لقائد القوات العراقية في الأردن باعتقال ضيفه وزير الدفاع.

هذه العملية (30 حزيران 1968) صارت مثالًا جاهزًا لعمليات قادمة يستطيع بها الحزب (ضرب) خصومه دون أن تتناطح الدبابات. كانت فقط إعادة الحياة لطريقة اعتاد أن يتخلص بها المماليك من خصومهم وحاشياتهم.. الدعوة لاجتماع.. وتقوم قاعة الاجتماعات بدور مصيدة الفئران. ومصيدة الفئران أول عملية ناجحة لمنظمة الحزب بتدبير صدام. سألت(ه) عن شيء يعتز به أكثر فقال.. عملية 30 تموز. ظهر مساء ذلك اليوم الرئيس البكر على التلفزيون وخلفه ثلاثة مسلحين، كان صدام من بينهم ولم يكن إلا القليل من العراقيين من يعرف اسم(ه). لقد فتحت (ال)عملية أمامه عالمِا فسيحًا مشى إليه بعيون مفتوحة وقلب مغلق وهو يطل على تكوينات الحزب والدولة

مشروخة لأربع دوائر اختار الإقامة في الرابعة، تاركًا العسكريين الحزبيين في الأولى والوزراء في الثانية، فيما كان يراقب على الدائرة الثالثة خطوات رفيقه المتفرغ مثله للعمل في المنظمة العازف عن مناصب الدولة: السامرائي، و(ال)عملية مؤشر مبكر على إمكانية نجاح المنظمة في قمع المؤسسة العسكرية. وعليه (صدام) ليظهر على مسرح الحياة أن يقيم زمنًا أطول في كوة المنظمة.

جنرالات المنظمة

أقام صدام في المنظمة بعيدًا عن الأنظار طيلة العام الأول ورفاقه في السلطة يتبخترون في الحلل المضاعف نسيجها!.

حردان يستقدم مطربته المفضلة بطائرة عسكرية خاصة، وعماش أصبح الشاعر الذي يعارض الجواهري! وسعدون غيدان على عهده، وقد أغمد السيف وتفرغ للكأس والأنثى.. صدام كان وحده يعمل وفق برنامج منظم ورجاله لا يحبون عدسات التلفزيون ولا يستميلهم موقع على سطح السلطة، رجاله دائمًا من الصف الثاني وأحيانًا من الصف غير المرقم!.

ناظم كزار طالب المعهد الصناعي، الذي جيء به لمعتقل عسكري وذهب لهيئة التحقيق. أثار مشهده الدهشة وهو يحمل تابوتًا استله من حانوتي ودلف لغرفته الخاصة في (ال)هيئة، ثم لتخرج بعد (قليل) مجاميع المعتقلين عارضين تفريغ اعترافاتهم على أجهزة التسجيل بعد أن قاوموا التعذيب لأسابيع!

أما كزار فأمر مساعديه بحمل التابوت وقد انشطر لنصفين في كل (منهما) نصف جثة. (و)هذه في معايير المنظمة تمنحه اختصاصًا نادرًا دفع صدام لأن يختاره مديرًا للأمن العام ويمنحه رتبة لواء عسكري تنحني له قامات العمداء والعقداء في الجيش والشرطة. هذا أول جنرالات المنظمة (الذي) يمنح الرتبة قبل أن يحملها صدام بسنوات. آخر من رجال المنظمة محمّد فاضل طالب التربية. شكل فاضل وكزار وشقي آخر معروف يدعى عبد الجبار الكردي محكمة تعقد جلساتها ليليًا، وأصدرت مرة أحكامًا بالموت على كلاب تتسلل للمعسكر، فنفذ كزار الإعدام خنقًا بكلتا يديه. وفاضل بنى سمعته الحزبية على قتل صديقه عبد الستار الكردي. أما عبد الوهاب كريم الملقب وهاب الأعور، فدشن عمله باغتيال ناصر الحاني. أصبح فاضل (وعبد الوهاب عبد الكريم عضوين) في القيادة القطرية. أما صدام فظهر فوق سطح

الدولة بمركز جديد غير معروف في هياكل المؤسسات والدول. اختار أن يكون نائبًا للبكر لا بصفته رئيسًا للجمهورية بل بصفته رئيسًا لمجلس قيادة الثورة، وإذعانًا لمنطوق المنظمة الحزبية وأعرافها في جعل موقع (الـ)رئيس في مرتبة أدنى من رئيس مجلس قيادة الثورة أصبح نواب (الر)ئيس تابعين لنائب رئيس مجلس قيادة الثورة: صدام. ولم يعد من العسكريين غير البكر من هو أعلى موقعًا من(ه)، وبهذا صار عماش وحردان وحماد شهاب وسعدون غيدان جنرالات أسماء ثانوية بأدوار هامشية. كان منصب نائب رئيس مجلس قيادة الثورة صفعة مهينة تقبلتها العسكرية العراقية بروح مسيحية عالية، (و)صار جنرال المنظمة صائد الجنرالات.

المنظمة والجيش

نجح برنامج تحويل المجتمع العراقي لمجتمع صغير من مجتمعات المنظمة السرية نجاحًا ملفتاً. وامتدت أصابع المنظمة لمفاصل الدولة والمجتمع مغروسة في المدرسة والمكتب والمتجر وحقق برنامج "تنظيم" الشعب العراقي خطوات جعلت المنظمة الحالية مثالًا ستحذو حذوه منظمات تسعى لإخضاع المجتمع بالطريقة ذاتها. اعتمد برنامج الحزب في

عملية (ال)ترويض على نشر منظمات حزبية ونقابات عمالية ومهنية تجعل كل عراقي محشورًا في زاوية من زوايا التنظيم، وكان ذلك كافيًا لأن يستريح رجل المنظمة الأول لو أدرك معنى الراحة، فالشعب ليس أكثر من **"طلاب صف مستجد"** في مدرسة عسكرية.

استسلام الجيش

النجاح الأكبر للمنظمة السرية يتمثل في قدرتها العجيبة على ابتلاع الجيش.. ..لقد أكلت الفأرة قطها السمين. وفي تجربتها مع الجيش أثبتت حقائق جديدة كشفت عن هشاشة العسكرية العراقية رغم عراقة المؤسسة. ولم تؤثر عشرة انقلابات على موقف التبجيل الذي يغدقه المثقفون على الجيش. ويملأ العجب أفواهنا، فليس أدعى للاستغراب من مثقفين يتنافسون في الثناء على مؤسسة تحول بينهم وبين امتلاك الثقافة وحق التعبير وأحزاب سياسية تتبارى بتكريم المؤسسة التي تسعى لتجميد الأحزاب. ويتساوى اليمين واليسار في الثناء على الجيش الذي يطارد(هما).

التجربة الشيوعية

ولم يكن (ال)ضباط كما تصورتهم قصائد الشعراء و(ال)أدبيات السياسة مثالًا للفروسية والشجاعة، فقد اتسمت العلاقة بين الضباط وجنودهم بطابع يفتقر للحدود الدنيا من الإنسانية. ويستخدم الضباط ضد جنودهم أنماط سلوك تمارسه أجهزة الشرطة السرية مع المذنبين المعتقلين في، فضلًا عن الممارسة التقليدية التي تنبعث من شعور الضابط بالسمو والتعاظم أمام الجنود بشكل خاص والمجتمع المدني بشكل عام. يحدث الانسلاخ الطبقي منذ اللحظة التي يضعون فيها الرتب على أكتافهم.

تجربة صدام مع الجيش

بقليل من الإنصاف وكثير من الشجاعة، نعترف بأن صدام المدني الذي لم يؤد الخدمة العسكرية استطاع أن يكشف هشاشة المؤسسة العسكرية. وكانت برامج ترويض الجيش — إن لم أقل إذلاله — قد نجحت بجهود العسكريين أنفسهم، وقد تحولوا لرعايا وأتباع مأمورين. كان الجيش مشكلة صدام الكبرى التي اعتقد أن حلها سيكون أصعب

من حل ما يعترضه من مشاكل. لكنه اكتشف أنها المشكلة التي لم تكلفه جهدًا للخروج منها بنتائج باهرة.

الأب الروحي والابن البار

ميشيل عفلق

حين وضعه مجيد خدوري في لائحة القادة العرب الذين اختارهم لكتابه: "**عرب معاصرون**" لم يكن على صواب، (و)إذ ندعو لدراسة عفلق من وجهات نظر مختلفة لا نتفق مع الجملة التي اختتم فيها الأستاذ خدوري بحثه قائلًا: "**وقصارى الحديث فإن عفلق سياسي مفكر ولكنه من الطراز الحالم الرومانسي الذي لا يعدم أن يكون له مكان في المجتمع**". إن خدوري أخذ بالانطباع الذي روج له خصوم عفلق وأتباعه أيضًا في أنه رجل مثالي حالم ويستبدل خصومه كلمة رجل بعجوز ويضيفون صفة الخرف!!

عفلق ليس كذلك، ليس مثاليًا ولا رومانسيًا ولا حالمًا ولا خرفًا وإن مثل هذه التقييمات لا تصلح أساسًا لدراسة أحداث المنطقة العربية خلال أربعين كان دور عفلق غير الواضح كبيرًا. لا يميل عفلق الذي ولد

عام 1910 للعمل في الواجهات، وهذا ما جعل دوره مجهولًا دائمًا فهو يفضل الانزواء خلف شخصية ذات نفوذ للعمل نيابة عنه كالأستاذ زكي الأرسوزي صاحب فكرة **البعث** الأولى وشريك عفلق في تأسيس الحزب وأكرم الحوراني السياسي السوري وصلاح البيطار زميل(ه) القديم. لكن عفلق ما إن ينتهي من مرحلة حتى يسرح شريكه في الحزب. ومرت على الحزب زعامات كانت مؤثرة في المنظمات القطرية وذات نفوذ على الجهاز الحزبي كعبد الله الريماوي ومنيف الرزاز في الأردن وفؤاد الركابي وعلي صالح السعدي في العراق فانتهت (حياتهم) الحزبية وأحيانًا الشخصية ويبقى عفلق. هذه الحقيقة يمكن أن (تسهم في) الرد على القائلين بأن عفلق مثالي وحالم وعجوز خرف. إن عفلق نجح في جعل بغداد، مركز الحضارة الإسلامية، مركزًا للتآمر الصليبي، وقطع حزبه أية آصرة له بالثقافة الإسلامية.

سألت صدام.. لماذا لا تكون أنت أمينًا عامًا للحزب بدلًا من عفلق؟

فأجاب: لا تكن كالسوريين الذين تنكروا له ولا كالرفاق الذين عرضوا علي رغبة مماثلة.

قلت: أفضل ما فعله السوريون أنهم تخلصوا منه.

قال: لكن علي صالح السعدي (يقصد الأمين القطري للحزب في العراق عام 1963) فعلها قبل السوريين وسقط.

قلت: الأمر معك مختلف.

قال: بقدر احترامنا للقيادة التاريخية سنكون في وضع أفضل لمواجهة السوريين.

ولم يكن عفلق راغبًا مرة في التفاهم مع الحزب في سورية، بينما كان الدكتور منيف الرزاز متحمسًا للوحدة مع سورية.

إن خط ميشيل عفلق انتصر كالعادة!

وقوة صدام في القيادة مستمدة من ولائه التام لعفلق، لكن ممن يستمد عفلق قوته؟!

يبدو لي أن الحلفاء قبيل أو أثناء الحرب الثانية كانوا، وهم يخططون لمرحلة ما بعد النازية وجدوا من المناسب لاستمرار مصالحهم في المنطقة العربية تأييد أو خلق تشكيلات لركوب الموجة القومية التي كانت تتقدم بسرعة، وتأييد أو خلق مضادات لها في الوقت نفسه. فبينما كان الشعار القومي يستقطب أحلام الشباب، ظهر عفلق التلميذ الاستشراقي القادم من باريس ليجير الانبعاث القومي له شخصيًا

وينجح في ذلك نجاحات هائلة (بينما) بدأ تيار آخر يقوده سعادة بالدعوة للقومية السورية!

أما بيار الجميل فأسس الكتائب اللبنانية.. الذي اعتقده أن عفلق لا يُفهَم بسهولة ما لم يوضع في هذه الصورة وعلى يمينه بيار الجميل وعلى يساره أنطون سعادة.

مفكر مسيحي أم مستشرق؟

حدثني المحامي السوري منير عبد الله تلميذ زكي الأرسوزي وراويته المعروف أن الأرسوزي كان مستاء ومندهشًا من منح بابا الفاتيكان عفلق وسام الفاتيكان لجهوده في خدمة المسيحية، بينما كان شائعًا أن الكنيسة لم تكن راضية عن اتجاهات عفلق القومية فضلًا عن كونه أرثوذكسياً. إن مجيد خدوري يطلق على عفلق وصف المفكر المسيحي. ولم يكن عفلق خطيبًا مفوهًا، لكن شخصيته الانعزالية والمنطوية ساعدته على المكوث في المنظمة والانسجام مع طقوسها. إننا لا نميل لاستخدام كلمة مفكر في وصف عفلق، ولا لوصفه بالمسيحي، (إنه) أقرب لصورة المستوطن والمبعوث الأوروبي منه لصورة المسيحي

العربي. لكن أتباع(ـه) ومدوني سيرته يواصلون منحه الألقاب الفكرية بسخاء.

التبشير بالدكتاتورية

يدعو عفلق أتباعه إلى التنديد بالنظام البرلماني ويستعير مصطلحات كارل ماركس ولينين في تشديد حملة نقدية صارمة ضد الديمقراطيات الغربية واعتبارها أسلوبًا يتحكم فيه الرأسماليون بشعوبهم المستضعفة!!

انطباعي الشخصي

التقيت بعفلق أول مرة عام 1963، فشعرت كأنني أزور مريضًا في مستشفى التدرن، وجهه المحنط لا يثير إحساسًا روحيًا واصطناعه الكلام الحكيم لا ينم عن شخصية حكيمة فعلًا، وقد خرجت بعد ساعة وكأني أخرج من مشاهدة مسرحية بطلها يهودي قديم. وعندما عدت لمكتب الجريدة سألني رئيس التحرير عما إذا كنت سأكتب في عمودي اليومي انطباعاتي عن الأستاذ عفلق؟

146

ولم يتوقع صاحبي أن يكون جوابي اقتراحًا له بأن يعود عفلق إلى بيروت لكي نتجنب حساسية الشعب العراقي إزاءه!

وفي دعوة حزبية استمعت لعفلق آخر مرة (نيسان 1979)، ولم يتغير لا انطباعي عنه ولا طبيعة حديثه المخنوق والمكرور والدائر بمنحنى مغلق. لكن هذا التلميذ الاستشراقي استطاع أن يقيم له مركزًا خاصًا في مركز الخلافة، وأن تتحرك المنطقة بأصابع مريديه وأظافر أتباعه. فإذا مات حمله الرئيس على كتفه وذرف عليه دمعة قلما تجود بها عينه وصلى عليه شيوخ الدين الإسلامي، وصار ضريحه بأمر السلطة مقامًا.

ولعفلق إرث دموي وأتباع دمويون، لكن صدام تجاوز الدور الذي توقف عنده رفاقه السابقون، ولهذا فإن المرور في سايكولوجية صدام قد يعطي صورة عن أحلام عفلق التي تحققت قبل وفاته.

صدام شيء أم لا شيء؟

كيف استطاع ابن المنظمة السرية الصغيرة أن يلوي عنق الدولة بمؤسساتها الكبرى؟ وأن يربط، وهو المدني غير المؤهل عسكريًا، القادة العسكريين الحقيقيين على خشبات الإعدام ويزج بجيش محترف عريق في ساحات الموت دون هدف؟

إن صدام ظاهرة خاصة وقدرة خاصة ونظام خاص!!

ليس فاشيًا لأن الفاشية شروطها وليس عشائريًا لأن العشائري التزاماته وشروطه، لكن صدام يمكن أن يختزل. والطريق لاختزاله يمر من طريقه اليومي بين العوجة مسقط رأسه وتكريت، وقد حمل قضيب الحديد متوجهًا للسنة الأولى الابتدائية في الوقت الذي غادر أقرانه للمرحلة الثانوية، نشأ صدام يتيمًا في مجتمع لا يجد الأيتام فيه مأوى ولا دار للرعاية ولم يكن خاله الحاج خير الله طلفاح صادقًا في ادعاء تبنيه والإشراف عليه، فقد ترك طلفاح تكريت (عند دخول) صدام المدرسة. لكن صدام لم يستسلم فحمل عصاه يبعد بها الأشواك عن قدميه والكلاب عن نهش ثيابه، فإذا دخل المدينة وضع عصا الحديد داخل دشداشته. ربما ولد حوار داخلي وتفاهم سايكولوجي بين صدام والعصا، وقد يكون محقًا في ولائه لها تعويضًا عن غدر المجتمع وقسوته، فلم يعد يثق إلا بها، ولم يحب غيرها، فإذا أتيحت (له) الفرصة أن يكون في الموقع الأول من الدولة، فليس متوقعًا أن ينظر للمجتمع نظرة حب أو ثقة. وأنا على ثقة أن ألف أغنية عن صدام في إذاعة بغداد قد ترضي أي شخص إلا صدام، فهو وحده الذي يدرك زيف الكلمات وكذب المشاعر.

148

ذبح المؤسسين

لم يسع عفلق لتأسيس قيم رفاقية، فهو إذ يدعو لسلخ القيم السائدة فإنه لم يقدم لأتباعه قيمًا إنسانية جديدة، ولم تنشأ بين الحزبين أواصر صلات اجتماعية حميمة من تلك العلاقات التي تفرضها روحية العمل المشترك، فنشأ البعثيون على قاعدة الأخوة الأعداء. وما زلت أكرر أن البعثي لا يحب البعثي، وأن أحدًا لا يثق بأحد في الجهاز الحزبي، فإذا اتفق اثنان على ود مشترك فلأُهما في عداء مشترك لآخر. وقد أبقى اسم الحزب حيًا عامل واحد هو: السرية، التي توفر للصراعات الشخصية حجابًا يسترها عن الظهور، ولو خرج الحزب للنور لانتهى منذ الأيام الأولى لظهوره، وهذا ما جعل الحزب يحجم عن العمل العلني. ففي 1961 وكان الصراع شديدًا بين أجنحة الحزب، وكانت حكومة قاسم تنظر في إجازة الأحزاب السياسية، اقترح كادر بعثي تقديم طلب لوزارة الداخلية لهذا الغرض، لكن رد فعل قيادة الحزب كان غاضبًا على الاقتراح. وفي أعقاب استلام(ه) للسلطة عام 1963 أضيف عامل آخر لاستمرار الحزب وبقائه، فقد كان التعلق بالسلطة يغذي الحزب بالمتحمسين. وحول السلطة يتمحور النشاط وتلتف القلوب المختلفة،

لكن ذلك لم يمنع ظهور صراعات علنية حادة، فالسلطة كانت من عوامل تفتيت الحزب. وقد تمترس جناح علي صالح عام 1963 كما تمترس الجناح الآخر بزعامة حازم جواد، وتدخلت طائرات القوة الجوية في النزاع واستعملت مصيدة الفئران المملوكية. دعى قادة اليسار لاجتماع حزبي انتهى بتسفيرهم خارج العراق؟

قلت لصدام لولا وجودك لقاد كل رفيق انقلابًا على الآخر وعلى الحزب! فانشرحت أساريره (و)قال: **"ولا تستثنِ أحدًا"**. (و)ما ينهض به صدام كان سينهض به الآخرون، والفرق بينهم في الدرجة وليس في الاتجاه، ودرجة صدام الدموية حادة للغاية تعاونت على تشكليها طفولة معذبة وبيئة قاسية، فإذا تلفحت هذه الظروف بأفكار عفلق ظهرت للوجود شخصية كصدام. أمضيت في الحزب ربع قرن، ولم أمر على عضو لا يحمل استعدادًا لدور كدور صدام. إن شعارًا مكتوبًا على باب كلية القانون والسياسة يشير لبيت شعر هزيل لشاعر هزيل يقول:

حزب تشييده الجماجم والدم	تتحطم الدنيا
	ولا يتحطم

وقد ترك عفلق مدرسة كبرى للتآمر تتوارثها أجيال الحزب ومنظماته.

مجموعة الظهور الأول

سمع باسم صدام التكريتي (هكذا كان اسمه) لأول مرة في أعقاب محاولة خطط لها ونفذها حزب البعث لاغتيال الزعيم عبد الكريم قاسم الذي كان يتجول في شوارع بغداد دون حماية شخصية، وقد ورد اسمه في التسلسل الثانوي، وكان أحد الفارين في الوقت الذي اصطف المشتركون في المحاولة أمام المحكمة ودافعوا عن مواقفهم، ومنذ ذلك اليوم والجهاز الحزبي يتساءل عن كيفية تسلل نصير مبتدئ في الحزب لمجموعة قيادية مكلفة بعملية خاصة دون علم مسؤول التنظيم عبد الخالق السامرائي، والذي كان صدام نصير أخيه، خلافًا للتقاليد الحزبية. والجهاز الحزبي يتساءل أيضًا عن كيفية هروب صدام قبل ربع ساعة من وصول أفراد الشرطة إلى المخبأ؟ وكيف تم هذا التوقيت ومع من؟

بعض المعنيين بدراسة تلك الفترة يعتبرون الحصول على جواب صحيح على هذه الأسئلة كفيلاً بأن يفتح أمامهم سرًا مغلوقًا. ويتساءل الجهاز الحزبي على المدى الواسع في قبول الكذب وتدوينه وإملائه على

الصحفيين والكتاب الذين تناولوا دور صدام لبطل المحاولة وقائدها الذي يوعز لأفرادها بالحركة والتصرف، وهو أمر يضحك الجهاز الحزبي ويجعل هذه الكتابات مجالًا للتندر، إذ كيف يستطيع نصير أن يقود أعضاء قيادة قطرية وبينه وبينهم ست مراحل وست درجات يحتاج لقطعها لبضع سنوات. لكن هذا المنطق سيكون مقبولًا عند المكلفين بكتابة التاريخ الشخصي لرجل كصدام حين يستلم المكلف شقة في باريس ومجلة في لندن.

صدام قاد رجال المحاولة للموت واحدًا بعد واحد.

تحالفات المنظمة السرية

شخصيته غير المستقرة وسايكولوجيته الميالة للانتقام وعدم التزامه بأهداف إنسانية انعكس على تحالفاته، وقد فرض عليه مجتمعه القديم ومكونه في المنظمة سوء الظن، فبات ذلك سمة رئيسة من سمات السياسة العراقية. وبقدر إحساسه الصغير بالمصالح الصغرى التي يرجوها من تحالفاته، فإن تلك التحالفات تطرح عادة بأشكال عربية ومضامين وطنية وعقائدية وقومية كبرى. ولهذا تنجر الأحزاب والشخصيات والحركات السياسية والدول المعنية لمشروعاته السياسية حتى إذا اكتشفت

دوافعه الحقيقية تكون قد دفعت أبهظ الأثمان. وعبر استقراء طويل ومتابعة استغرقت عشر سنوات لعلاقات صدام الشخصية والحزبية والوطنية والقومية، اكتشفنا: أن تحالفات(ـه) على تلك المستويات كانت تنتهي نهايات دموية، وإنه كان دائمًا المبادر لعقد التحالفات والمبادر لتقويضها، وأن التنازل الجغرافي والعقائدي يلازم كل أزمة تتعرض لها سلطة صدام. إن قانونًا من قوانين السياسة العراقية أن أخطارًا يعالجها صدام بتنازل أساسي عن جوانب عقيدته السياسية.

التحالف المحلي

استنادًا لمبدأ قديم في السياسة البريطانية: مبدأ الضد النوعي، وجد صدام في جناح (كردي) متمرد يقوده جلال الطالباني فرصة لاستخداماته، فلا تكون السلطة في مواجهة الأكراد بل تتوجه بنادق الأكراد ضد الأكراد. أبدى صدام لزعماء هذا الجناح مشاعر ودية فياضة. (و)حدثني الدكتور أحمد عبد الستار الجواري الموفد المتشاور مع البارزاني أنه أبلغ البارزاني تحيات حردان التكريتي ومهدي عماش نائبي رئيس الجمهورية واستعدادهما لحل أي إشكال وفقًا لرغبة الرفيق صدام!

فرد عليه البارزاني: إن كان حردان وعماش يثقان في صدام، فأنا مستعد للثقة به أيضًا وإذا كان لا يدريان ماذا يبيت لهما فعليك أن تنقل إليهما تمنياتي بالبقاء بعيدًا عن مؤامراته. (و)هذه أمثلة عن الطبيعة الأخلاقية لتحالفات صدام الغارق في الشكوك وسوء الظن وروح العدوان.

الكويت مرة أخرى

زيارة جورج براون وزير خارجية حزب العمال البريطاني السابق للعراق (آذار 1979)، قد تكون نقطة تحول في مسار المنطقة، وكان جورج براون يقدم استشارات شخصية لصدام، حيث يتحدثان في اجتماع مغلق قد يحضر(ه) طارق عزيز فقط. صدام نقل ملاحظات جورج براون. يقول صدام ناقلًا (ال)ملاحظات: إذا كنتم تسعون للوحدة العربية فقد أخطأتم البداية إن اتفاقكم مع سورية أكبر خطأ. قلت له والكلام لصدام: وكيف ترى البداية إذًا، قال براون: من الكويت!.

ومن يمتلك الكويت يستطيع الوصول لتطوان!.

دبلوماسية المنظمة السرية

إن الدبلوماسية تسعى للوصول لتسميم معلومات العدو ومحاصرة نشاطه، إلا أن الفرق بين الدبلوماسيات يتعلق بتحديد معنى العدو، (و)العدو عند الأنظمة الديكتاتورية المواطن، الخارج على إرادة السلطة (و)المختلف معها، وفي نظام صدام أصبح المستقل والمحايد عدوًا لأنه خارج تعريف الولاء الذي حدده هذا النظام فهو خاضع بالتالي لرقابة الأجهزة البوليسية. ومن الطبيعي أن تتشكل تنظيمات سياسية في الخارج، فتتكون قوة وطنية خارج البلد. ولتواجه حكومة المنظمة هذه الحالة تتحول المهمة دبلوماسية فيها لتؤدي دور (ال)مخفر في لندن وباريس وعواصم أخرى. أما مؤسسات النظام في الداخل فتختص في مواجهة المعارضة السرية، وهكذا يتوزع العمل القمعي والبوليسي بين شرطة الأمن في الداخل وبين الشرطة الدبلوماسية. وبظهور حاكم (ك)صدام تسللت مواصفات إرهابية مستفيدة من التراث القمعي في الأنظمة الفاشية، وانتقلت هذه المهمات للدبلوماسية بالدرجة التي دفعت صدام نفسه للاعتراف بها وتعريف السفير بأنه [عين المقر].

لقد استكثر على السفير أن يكون وجهًا وإن كان كالحًا فجعله عينًا استطلاعية. فالسفير لا يساوي عنده سوى كونه جاسوسًا شخصيًا

تابعًا له. وما دام العمل الدبلوماسي بالشكل الذي عرضناه فلا عجب أن يكون أفضل من يرشح دبلوماسيًا، أكثرهم استعمالًا لعينه وأكثرهم استعدادًا للتنكيل برجال الحركة الوطنية. والأمر لم يتوقف عند حدود المراقبة والتنصت واستخدام العين، إذا يأخذ السفير دور مأمور المخفر وتتحول مراكز السفارة لمؤسسات أمنية وتخصص داخل كل سفارة أقبية لأغراض السجن والتعذيب ما شكل نموذجًا جديدًا لهندسة مباني السفارات الجديدة.

(و)قد أصبحت الخارجية نفسها تابعة لرئيس المخابرات العامة فأصبحت صورة الدبلوماسي: شخص منزوع القلب ميت الإحساس أو مفتول العضلات.. يتم تدريبه على زرع الألغام وكتابة الرسائل الملغومة، واستخدام أجهزة التنصت. من هنا زرعت عواصم العالم بسفراء (نُقِلوا) نقلًا مباشرًا من أقبية المنظمة السرية، وجرى أبعاد الدبلوماسيين أصحاب الكفاءة. إن أسلوب الطفرة الوظائفية الذي استخدمه صدام هو في الوقت ذاته طفرة اجتماعية كبرى كان ذا مردودات إيجابية لصالح النظام. إن انتقال شخص يعمل في هيئة تحقيقية في قصر النهاية أو في قبو المنظمة لوظيفة سفير أو قنصل يشبه الانتقال المسرحي من مشهد لمشهد أو لعله يشبه حلمًا من الأحلام يجعل مثل هذا الشخص حريصًا على

أداء المهمات الموكولة إليه، بل المزايدة على تقديم مهمات بوليسية متطورة ليكون موضوع اهتمام المقر حفاظًا على وضعه الجديد. أي أن اختيار المعزول اجتماعيًا ونفسيًا عن حضارة المدن، لمهمات دبلوماسية ساعد صدام على خلق مجموعة مرتزقة. والمنظمة لا تستطيع (التعامل) مع ذوي الحس الحضاري أو الذين ينحدرون لوظائفهم (بال)تدرج (ال)طبيعي، بحيث تبدو الوظيفة لهم حالة عادية يستطيعون الاستغناء عنها في أي وقت.

هذا النمط من الدبلوماسيين والإداريين لم يعد له وجود، (ف)مخطط التوظيف بقانون الطفرة لا يعطي ثماره المرجوة دون استخدام الجزء المتمم له، والمتمثل بأسلوب الإعادة الدراماتيكية للعنصر المخالف أو المتردد فتصدر القرارات بإعادة السفير معلمًا في (قرية) أو مضمدًا في مستوصف. والتهديد بإعادة [الدبلوماسي] لوظيفته السابقة يكفي لبث الذعر في قلبه. لقد استدعى صدام 21 سفيرًا لمؤتمر ولم يعودوا لمقرات أعمالهم، كما لم يعودوا لمنازلهم.

لقد قُتِل القتلة.

عينة من دبلوماسي المنظمة

نبيل نجم التكريتي: مستخدم صحي، مضمد، في قرية.

إسماعيل حمودي التكريتي، مضيف أرضي في الخطوط الجوية.

صباح حوراني مستخدم في محطة وقود.

عبد الجبار الدوري، عامل فني في السكك الحديدية.

خيري الراوي، موظف في معمل خياطة.

ياسين الجبوري، شرطي مخابرات في هيئة التعذيب بـ **"قصر النهاية"**.

أنور عبد الرزاق، مضمد صحي.

المنظمة والسياسة النفطية

كان انسحاب بريطانيا من شرق القناة والخليج أواخر الستينات مشروعًا لترتيب العلاقات مع الدول (لنفطية) بموجب مبادئ جديدة وتفكير بصيغ بديلة لأسلوب الامتياز، فقبلت شركات النفط بمبدأ المشاركة وانسحبت الشركات النفطية بموجب اتفاقات محددة من إنتاج النفط وتسويقه وسلمت حقوله وآباره للدول المنتجة، (لكن) التأميم

العراقي انفرد في تلك الضجة الإعلامية الواسعة التي ظهر فيها صدام بطل التأميم وساهم في [معركة التأميم] خبراء النفط العربي وخبراء الشعر العربي، وتدخل مهرجان المربد واتحاد الصحفيين العرب. وكان متوقعًا أن يربط الأيديولوجيون بين تحرير النفط وتحرير فلسطين وأن تزدهر سوق الكتابة النفطية. ولم تكن شركة نفطية أجنبية قبل تأميم النفط تستطيع أن تخصص مثلًا ثلاثة ملايين دولار لعميل يصدر مجلة في باريس أو جريدة في لندن. (و)قد عقب وزير سابق على التأميم بإشارة لحفيده وعمره سنتان آنذاك قائلًا: **"إن تسليم النفط للبعث العراقي بقياداته الحالية يساوي تسليم هذا الطفل عود ثقاب وهو في غرفة الوقود"**.

اليسار النفطي

لكنها مخاوف عراقية محلية، لم تستطع أن تجد لها انعكاسات إجابية بين أجنحة اليسار العربي ولم تتأثر بها أحلام خبراء نفط وشعراء عرب كانوا يبشرون الفقراء بعصر جديد. مر (سنوات) وظهرت نتائج مصرفية مبكرة على الكتاب والشعراء. وما زال فقراء العراق يحملون صحونهم على أبواب القصر الجمهوري!!

لكن اليسار العربي، وقد نسي أحلامه في تأميم نفط العراق عاد ثانية (مع) الغزو العراقي للكويت لأحلامه السابقة وهو يبشر بعصر جديد سيوزع فيه صدام الثروة. تقول مجلة فلسطينية مدعومة من العراق [البلاد العدد 15/194 أيلول 1990]: "**إن أحلامنا العربية أبعد بكثير من حدود الكويت ليس بمفهوم الوحدة أو الضم، بل بمفهوم أكثر بكثير**" وتضيف "**نسأل أين هو وجه الحق في أن يكون المواطن العربي المصري مدينًا بألف دولار للبنوك الدولية منذ لحظة ولادته، وأن يولد سوداني جائعًا منذ لحظة ولادته بل ويموت جائعًا في حين يولد [الكويتي] وحصته مليون دولار مودعة في البنوك؟**"

هذه السطور ملخص موقف اليسار العربي ليس في أحلام النفط الكويتي، بل في تأميم النفط العراقي وما دام العراق يقود بزعيمه اليساري اليساريين العرب، فالمطلوب أن نحاكم صديقنا اليساري قبل خصمنا اليميني. إن العراقي الذي بلغت عائداته النفطية عام 1978 أكثر من أربعين مليار دولار ما زال فقيرًا. لقد حالت السياسة بين الموطن (و)عائدات نفطه!

(و)الصحفيون العرب الذين يتحدثون عن رفاه بغداد قد يكونون على حق إذا اعتقدوا إن دخل الصحفي العراقي وليس المواطن يقترب من عُشر دخولهم من أموال العراق!

منظمة النفط السرية

عندما تناصف البكر وصدام قطاعات الدولة كانت رغبة الأخير شديدة في احتواء القطاع النفطي ولأن صدام ابن المنظمة السرية لم يطلع على نظم الإدارة وليس له رغبة في مغادرة الإدارة الحزبية لغيرها، فقد استحدث منظمة سرية للنفط تتحكم بوزارة النفط بطريقة المنظمة. ترتبط منظمة النفط السرية واسمها: **"اللجنة العليا لاتفاقيات النفط"** بصدام شخصيًا، ويديرها عضو مجلس قيادة الثورة عدنان الحمداني وتتمتع باستقلال كامل عن مجلس الوزراء واعتبر العمل فيها من أسرار الدولة الممتازة وأخضع كادرها الوظيفي لأصول الكادر الحزبي. فليس لأحد منهم أن يكشف لعائلته طبيعة عمله مكانه ومهماته ولا أن يدعو أعضائها لجلسات خاصة ولا تقام بينهم علاقات خارج مكاتب اللجنة. ولمنظمة النفط السرية صلاحيات واسعة وليس (ال)وزير سوى واحد من موظفيها غير المهمين. وأحيطت أعمال اللجنة بطقوس سرية تبدو وكأنها

161

إحدى الجمعيات الباطنية أو الماسونية، فقد استفسر عضو في مجلس قيادة الثورة عن مسألة نفطية فرد عليه صدام: **"إنك تقترب من تيار صاعق"**.

هواجس الرئيس

الشكل النهائي لنظام الحكم، مصاغ صياغة أمنية، وهو يعيش هاجسه الأمني فتبدو المعارضة بين برديه وداخل دفتيه، وحول أطرافه العليا والسفلى. ولعل الهاجس الأمني والخوف من الضد يلاحق أتباع دولة المنظمة لداخل غرف نومهم ولزجاج السيارة المضاد للرصاص. خلق الخوف من الضد نظام حياة خاص وأسلوب عمل خاص تحول فيه (ال)رئيس لمتهم مطلوب لا ينام ليليتين في مكان واحد.

نظرية الأمن الوقائي

وتعني مهاجمة الخصم المعارض وهو في مرحلة حمل النوايا قبل أن تترجم النوايا إلى أفعال ولكن كيف يمكن اكتشاف نوايا البشر؟

يقول صدام إنه يعرف خصومه من عيونهم، فهذا القيادي أو الوزير مرشح للإعدام منذ ثلاث أو أربع سنوات لأنه **"متآمر من عيونه"** كما يقول صدام في إدانة رفيقه مُحَمَّد عايش كما جاء في شريط فيديو أوعز صدام بتوزيعه، (و)الأخذ بهذا المبدأ يجعل كل عراقي مهدد باحتمال تعرضه لمصير مماثل. ويمنح هذا المبدأ من جانب آخر صدام حق الضربة الأولى والمباغتة ومهاجمة الآخرين في الوقت أو المكان الذي يريده. وبهذا صار **"الغدر"** مصطلحاً سياسياً يُدعي الأمن الوقائي. وأصبح ما نسميه: الخسة، موقفًا ثوريًا وإجراءًا نظاميًا. إن الاستخدام الخسيس كان يطغى على الاستخدام السليم في المنظمة الحزبية، التي تحولت لشبكة تجسس تنتشر بين الناس.

دولة المنظمة ودولة الكويت

ألاحظ منذ سنوات إخفاق الدبلوماسيين والصحفيين والمحللين السياسيين في تنبؤاتهم العراقية دائمًا (وهم) أخفقوا لأنهم استخدموا علم السياسة في تفسير الحدث العراقي وهو علم يقوم على قواعد منطقية، لكن علم السياسة لا يبني قواعده على مزاجية الحاكم وسيكلوجيته بينما لا يتيسر إيجاد تفسيرات لكثير من الأحداث العراقية دون المرور أولًا

163

على سيكلوجية صدام. (ال)سبب يرتبط بالمتغيرات الكبيرة وسقوط ديكتاتوريات أوروبا الشرقية وما أعقب ذلك من موجة كتابات صحفية وتصريحات تتوقع هبوب الرياح الديمقراطية على المنطقة العربية، وقد رشحت صحف عالمية ومصادر عربية العراق اسمًا أول في (ال)قائمة، وكانت صحف عربية تتحدث عن شاوشيسكو عربي بينما أشارت (أخرى إلى) أن شاوشيسكو ييدو وزة مسالمة بجانب صدام. إن صدام الذي يلتقط التآمر من عيون محادثيه وجد نفسه فجأة هدفًا يوميًا لانتقادات الصحافة العالمية واحتمالات إسقاطه ولعله أجاب على تلك التطورات غير السارة. إن الرئيس العراقي يتعامل مع التاريخ قطيعًا من الغنم ويوصي أتباعه ومريديه بالحكمة التالية التي كتبناها مرة على لوحات الجدران:

أيها الرفاق.. أيها المثقفون.. سوقوا التاريخ إلى معابركم.

منظمة الموت

الموت نظرية عمل

يبدأ القرار العراقي من الموت أعلى عقاب في جداول الجزاء حلًا لصراع السلطة وجوابًا جاهزًا على خروج مظاهرة احتجاج. والحرب، كالموت، آخر قرار سياسي تلجأ إليه الدول (و)أول قرار تستعين به السياسة العراقية، وحيث تتشكل بحيرة الدم، تتقدم أمام صاحب القرار فرص الحديث عن الحل الدبلوماسي. إن الموت والحرب أوسع تعبيراته نظرية عمل في السياسة العراقية الراهنة يعالج به المحتجون على المجاعة والمجتمعون على المجاعة، والمجتمعون على الموت، والمتحدثون في سراديب المعارضة والمتناقشون تحت قبة القصر الجمهوري. ولعل (صدام) لن يعجب بحل مثل إعجابه بالموت، وإذا لم يكن رائد هذه النظرية، فإنه واحد من البنائين القلائل لمعمارية الموت.

الغريب أن يتبنى الحل الدموي فنانون ومثقفون وشعراء وحركات سياسية في المعارضة. لقد منح الفنان الساخر عزيز علي، قائدًا منتظرًا للإصلاح حق الذبح كذبح الإبل في منولوجه: **"دكتور"** وكان الجواهري يحض القادة الثوريين على تضييق الحبل والشد من خناق معارضيهم. وزاول الشارع العراقي في صباح ثورة 14 تموز عام 1958 نمطًا من السلوك غير المبرر في سحل الجثث بالحبال وتعليقها على أعمدة الكهرباء. وحين أحجم قاسم عن تنفيذ أحكام الموت بحق سياسيين

تعالت نداءات.. اعدم اعدم. وفي انقلاب 8 شباط عام 1963 الذي قاده البعث ضد عبد الكريم قاسم، تصدرت نظرية الموت المكان الأول والوحيد في السياسة العراقية لمدة تسعة أشهر، انتهت بانقلاب عبد السلام عارف الذي انتهى هو الآخر صريع النظرية. وقد يكون عبد الرحمن عارف الرئيس الوحيد الذي استنكف عن الاقتراب من هذه النظرية وأوشكت أن تنتهي في مدة رئاسته (1966 – 1968) مشاهد الموت السياسي، ما ساعد الجناح اليميني في **البعث** على الاستيلاء على السلطة وإذا كان المحافظون قد استعاروا من علوم التربية مصطلحًا لنظرية العمل بالموت وهو الحملة التأديبية فإن **البعث** العراقي قد استعار من قاموس الماركسية اللينينية مصطلح: "**العنف الثوري**" لعصرنة النظرية. إن تجربة عبد الكريم قاسم المأخوذ بالحكمة القديمة: "**عفا الله عما سلف**" تبدو أمام المتمسكين بنظرية الموت ساذجة وسخيفة ومثلها تمامًا تجربة عبد الرحمن عارف الذي لم يلجأ لاستخدام الموت حلًا للمشكلات السياسية، وقد يكون من سوء حظ العراقيين أن التجربتين على ما فيهما من مثالب ونقائص لم تعمرا طويلًا.

يقول صدام إنه يستغرب كيف يقيم عبد الرحمن عارف في القصر الجمهوري ثلاث سنوات. لعل (صدام) أراد أن يقول كلامًا آخر،

فلو استعادت سلطة الحزب الحاكم أساليب عبد الكريم قاسم، وتنازلت عن استخداماتها بنظرية الموت أسبوعًا واحدًا لسقطت، حتمًا إن كلام الرئيس هذا صحيح جدًا وقرار الموت ليس فقرة معروضة (ب)جانب فقرات أخرى على جدول أعمال السلطة إنما ينحصر العمل اليومي للدولة بجدولة الموت، (و)الفقرات الأخرى مقترحات أو إجراءات أو تقييمات تدور حول الأداء الممتاز لقرار الموت وعلى ضوئه تتحدد المواقع ويجري التقييم. ونشر فلسفة الموت والدعوة للتلذذ به في تعاليم حزبية وبرامج تعليمية وإعلامية. إننا نتذكر باشمئزاز حفلًا دعت إليه السلطة مطلع 1969 لمشاهدة عروض الموت في ساحة التحرير وسط بغداد وكان قادة السلطة وعلى رأسهم البكر وصدام قد استعرضوا غابة المشانق في الساحة، وهم يدورون حولها بسيارة مكشوفة وعوائل عراقية تتربع على الأرض حول جثة معلقة لتناول الشاي، لكن الحديث عن نظرية الموت واستخداماتها وضحاياها قد يتجاوز المساحة المحددة للكتابة.

من رجال التعذيب في (ال)سجون؟

إنهم ببساطة رجال المنظمة الحزبية!!

وهو أمر طبيعي فليس معقولًا أن تناط مهمة خاصة كهذه بأشخاص غير حزبيين. ومن رجال المنظمة وقد أصبحت المنظمة السرية دولة؟

إنهم أعضاء مجلس قيادة الثورة والوزراء والمحافظون والسفراء ورؤساء المؤسسات.

ضمن أي منطلق سيتصرف هؤلاء الرجال؟

من منطلق المركز في الدولة أم من العضوية في المنظمة؟

بديهي أن أيًا منهم إنما أخذ موقعه الرسمي وفقًا لموقعه في المنظمة وهي التي تحدد واجباتهم وترسم لهم خطوط سيرهم اليومي، وهم ما داموا أعضاء فيها فهم شركاء مخلصون في أعمالها ومنها العمل في هيئات التحقيق. فإذا تخلف أحد منهم عن أداء واجبه الحزبي فقد موقعه في الدولة ووضع في غرفة التحقيق منهما لا متهمًا لا محققًا!!

ولهذا كان من تحصيل الحاصل أن يتوجه أعضاء مجلس قيادة الثورة والوزراء ورؤساء المؤسسات في أوقات محددة إلى أقبية التحقيق ليمارسوا مهامهم في انتزاع الاعترافات من الموقوفين، والتمتع بممارسة التعذيب ضدهم، وكان قصر النهاية المعتقل السيء الصيت منتجعًا ليليًا

لرجال السلطة يقضون فيه السهرة فتختلط متعة التعذيب بمتعة الأكل والشراب. إن السفراء المعتمدين في بغداد قد يتحدثون بسهولة، وفي أي وقت من الليل مع وزير الخارجية على هاتف خاص لكنهم لا يعرفون أنه هاتف الوزير في مكتبه بهيئة التحقيق. ولكل وزير مكتب خاص في قصر النهاية أو في مكان آخر من المعتقلات السرية.

لقد استدعيت في صيف عام 1978 (ل)هيئة التحقيق الأولى كمتهم وفوجئت أن رئيس (ال)هيئة هو سمير الشيخلي أمين العاصمة آنذاك. وفي 1980 زرت مدرسًا كان يقدم دروسًا خصوصية لولدي بمناسبة إطلاق سراحه، وكان قد اختفى عام 1970، فحدثني عن يومياته في معتقل قصر النهاية قائلًا: استدعاني عبد الكريم الشيخلي وزير الخارجية للمثول أمامه، ووجدته لأول مرة وديًا للغاية، ونهض من مكانه (و)أخرج من ثلاجته قنينة ويسكي وصب كأسًا وقدمه لي فشكرته معتذرًا.

قال: اشرب.

قلت: أنا مسلم كما تعلم فاعذرني.

قال: وهل نحن كفار خذ واشرب.

قلت: إن الله يمنعني عن ذلك.

قال: وأنا آمرك بفعل ذلك.

قلت: معاذ الله أن أخالف أمرًا لله.

قال: إذا لم تشرب هذا فستشرب شيئًا آخر.

(و)أصررت على موقفي، فنادى شخصًا من قساة (ال)هيئة فقال له: خذه (وتبولوا) في فمه فأخرجني واجتمع أربعة أشخاص ففتحوا فمي وبالوا فيه، فتقدم الوزير قائلًا لي: يبدو أن هذا هو شرابكم المفضل. وكما يوزع الموت بعدالة على الناس يوزع صدام مهمات الاغتيال والتحقيق والمحاكمات على (ال)جميع بعدالة مشهودة له، كي لا يخرج أحد منهم بثوب أبيض وبأصابع نظيفة. (إنه)جانب غير معروف من تاريخ دولة المنظمة السرية يتعلق بأسلوب صدام في توسيع بقع التلوث، وتوريط رفاقه في مهمات غير النبيلة، منها تظهر إحدى وسائل(ه) في تسخير البعثيين لقتل بعضهم الآخر بالطريقة التي يقتلون فيها الناس.

نهاية مختصر كتاب:

"العراق: دولة المنظمة السرية"

تعقيب عام على شهادة حسن العلوي

الترييف

السياسة إجابة عن أحد سؤالين: **"من نحن؟"** و**"ماذا نريد"؟**
وعندما تسيطر الهوية أو الأيديولوجيا أو مركب منهما تكون إجابة عن السؤال الأول.

فالناس عندئذ تتحزب وتصطف وتنتخب حسب أصولها الريفية أو القبلية أو العشائرية أو الطائفية، وأحياناً المكانية، على قاعدة انتخاب **"ابن الدايرة"**.

وقد تكون أيضاً في هذه الحالة مردوداً مباشراً تبسيطياً للقناعات غير السياسية كالتصويت الديني والأيديولوجي والمذهبي.

وعندما تكون السياسة إجابة عن سؤال: ماذا نريد؟ فإن ممارستها تتم وفقاً للمصالح أولاً، بغض النظر عن الاعتبارات الأخرى.

والمنطلق الصحيح لممارسة السياسة أن تكون إجابة عن السؤالين معاً. ومن الحقائق المهمة هنا، ما يؤكده الفيلسوف الأمريكي جون ديوي بقوله إن: **"الانفعالات والخيال أقوى أثراً من المعلومات**

ومن العقل في تشكيل الرأي العام". وعليه فإن تخيلنا لأنفسنا أكثر تأثيراً في صياغة المستقبل من حقيقة ما نحن عليه. ومما يعكس تخيلنا لأنفسنا عبارة تتكرر كثيراً هي: **"إحنا ناس فلاحين!"**.

والعبارة يرددها ريفيون وآخرون من أصول ريفية، وغالباً تكون في معرض الفخر. العبارة التى تبدو بريئة ليست كذلك أبداً، إذ تعكس — صراحة — أن الفلاحين **"حصرياً"** أهل الأصول والأخلاق الرفيعة، وهو نوع من التعالي الطبقي على الفئات الاجتماعية الأخرى، ومؤكد أن معظمها أكثر ثقافة ووعياً من **"السادة الفلاحين"**، لكن الفلاحة أصبح لها مكانة أصولها غامضة، وحدودها أكثر غموضاً!

والفلاحة حسب هذا التعبير الافتتاحى ليست مهنة شأن كل المهن، فلا المهندس يقول: **"إحنا ناس مهندسين"**، ولا الطبيب ولا المدرس.. وهي بالتالي تصبح **"المصدر الرئيس للتشريع"** على غرار المادة الثانية من الدستور المصري!

ولا معنى لأن تصبح مهنة ما مصدراً لمعرفة المقبول والممنوع والجائز.. إلى آخر مفاهيم **"شريعة الفلاحين"**. وهذا الاعتزاز بالأصول الريفية يشمل أجيالاً انقطعت صلتهم تماماً بالفلاحة، لكن كثيراً منهم ما

173

زال يرفع الشعار. والوزن النسبي للزراعة في اقتصادنا يقل، بينما الوزن النسبي للفكرة يزيد!

والمحزن أن هذا يترافق مع تحوُّل مصر إلى **"قرية صغيرة"**، لا على طريقة قاموس العولمة، بل على طريقة **"محمَّد أبو سويلم"** بطل الفيلم المصري الشهير **"الأرض"**، هذا المتشبث بالطين حتى النزيف. ومدننا كانت قبل 1952 أكثر مدينية، ولا تُستثنى القاهرة من الظاهرة، فمعظم سكان العشوائيات المحيطة بها **"ريفيون لا يزرعون"**. لقد كشفت دراسات **"الشفاهية والكتابية"** وجود صلة مودّة بين الكتابية وبين قبول الديمقراطية وإبداع العلم، وطبعاً مع الشفاهية لا مكان لا للديمقراطية ولا العلم، والارتباط بين الثقافتين الفلاحية والشفاهية لا يحتاج إلى بيان.

و**"البداوة"** و**"الريفية"** تسبقان التمدن أو المدينية، وقد حذر الرسول (عليه الصلاة والسلام) من العودة إلى البداوة حتى ذكرها بين الكبائر السبع وهي: **"الشرك بالله، وقتل النفس، والفرار من الزحف، وأكل مال اليتيم، وأكل الربا، وقذف المحصنة، والتعرّب بعد الهجرة"**. (سلسلة الأحاديث الصحيحة للألباني 2244)، ابن الأثير في **"غريب الحديث والأثر"**: **"كان من رجع بعد الهجرة إلى موضعه من غير عذر يعدونه كالمرتد"**.

فهل ينطبق على "الترييف" ما ينطبق على التحذير النبوي من "البدونة"؟

والترييف منظومة مفاهيم ورموز وميول نفسية، أسوأها تقديس الأرض وترديد أن **"الأرض عرض"**، وجرائم الشرف، وكراهية الإجراءات، وقلة الاكتراث بالزمن، و**"ثقافة الاعتزاز"** (إنت عارف انت بتكلم مين؟) على حساب **"ثقافة الإنجاز"**، حيث معيار المكانة **"أصل الإنسان"** وليس ما هو قابل للكسب من النجاح والخلق الحسن. وفي المحصلة يُشيع **"الترييف"** روحاً قدرية شاملة تبحث عن **"الاستقرار"** وليس التغيير، وسبب هذه القدرية أن دور الفلاح في الزراعة دور سلبي حيث تتحول البذرة إلى ثمرة دون تدخل يُذكر منه. وسياسياً قطع الترييف مسيرة تأسيس **"دولة المؤسسات"** المرتبطة بحياة المدينة مقابل علاقات القرابة في الريف، والثمرة مؤسسات تحكمها قيم قروية!

وفي الصين نفذت السلطة بالفعل **"مخططات"** لخنق المدن بتجمعات ريفية الأصول لـ**"تذويب"** التحول المديني، لإدراكهم أن **"المدينية"** شرط للتحول الديمقراطي ..

ومن الكتب التى يتوجب في تقديري الرجوع إليها عند تناول قضية "**الترييف**" المجلد الأول من موسوعة "قصة الحضارة" لويل ديورنت، حيث خصصه لمعالجة:

كيف تنشأ الحضارة؟

وكيف تزدهر؟

وكيف تستمر؟

يقول ديورنت: "إن الثقافة لترتبط بالزراعة كما ترتبط المدنية بالمدينة، إن المدنية في وجهٍ من وجوهها هي رقة المعاملة، ورقة المعاملة هي ذلك الضرب من السلوك المهذب الذى هو في رأي أهل المدن — وهم الذين صاغوا حكمة المدنية — من خصائص المدينة وحدها". ويختم ديورنت استنتاجه المهم بقوله: "نعم إن المدنية تبدأ في كوخ الفلاح، لكنها لا تزدهر إلا في المدن". و"ليس الجنس العظيم هو من يصنع المدنية بل المدنية العظيمة هي التي تخلق الشعب". ثم يضيف: "لأن الظروف الجغرافية والاقتصادية تخلق ثقافته، والثقافة تخلق النمط الذي يصاغ عليه. ليست المدنية البريطانية وليدة الرجل الإنجليزي ولكنه هو صنيعتها، فإذا ما رأيته يحملها معه أينما ذهب

ويرتدي حُلة العشاء وهو في "تمبكتو"؛ فليس معنى ذلك أنه يخلق مدنيته هناك خلقاً جديداً، بل معناه أنه يبين حتى في الأصقاع النائية مدى سلطانها على نفسه. فلو تهيأت لجنس بشرى آخر نفس الظروف المادية، ألفيت النتائج نفسها تتولد عنها".

وقد شهد العالم العربي خلال النصف الثاني من القرن العشرين تحولاً لفت نظر الباحثين كانت سمته الرئيسة موجة واسعة من الترييف للمدن العربية أعقبت تجربة **تمدين** متفاوتة الوتيرة بدأت عقب الحملة الفرنسية على مصر (1798 – 1801). والذي يلفت الانتباه في هذه الموجة أنها اقترنت بتولي نخب التحرر الوطني الحكم عقب رحيل الاستعمار، وبينما كان الاتجاه في كثير من تجارب الاجتماع الإنساني في الشرق والغرب هو التحول من سكنى الريف إلى سكنى المدن، فإن الاتجاه في كثير من الدول العربية كان "ترييف" المدن.

والترييف يتعدى كونه مظهراً اجتماعياً ليكون منظومة متكاملة من المفاهيم والرموز والميول النفسية. ومن الناحية السياسية كان الترييف انقطاعاً في مسيرة تأسيس **دولة المؤسسات** التي تقترن فكرة إنشائها بالحياة في المدينة مقابل سيادة العلاقات القرابية والطبقية في الريف، فكانت نتيجة الترييف سيطرة قيم قروية على المؤسسات!

177

ومفهوم "**المؤسسة**" يقترن بمفاهيم ويحمل في جوهره منطقاً محدداً، وفلسفة وملامح خاصة أهمها: الموضوعية، والتعددية، وتحييد المشاعر، وحرية تداول المعلومات، واعتبار الموظف رصيد إنساني ومهني. وقد كان الإجماع عليها في الواقع والممارسة في الدولة الحديثة ودراستها في العلوم الاجتماعية تعبيراً عما يمكن أن نطلق عليه "**الديمقراطية الإدارية**". حيث تتراجع مركزية دور الشخص — الملهم القابض على زمام الأمور المنفرد وحده بالقرار — لتحل محله المؤسسة التي تخضع لقواعد إدارية معروفة سلفا، ويعرفها الجميع، ويخضعون لسلطانها في إطار من الشرعية القانونية.

والمؤسسة ولدت في مجتمع عرف قيمة الفرد ككيان مستقل، وإذا تحقق كيان الفرد تأتي نشأة المؤسسة تعبيرا عن تحقق مكانته. وتتسم معظم المجتمعات العربية بأن مفهوم الفردية لم يستقر فيها بعد، ربما لأنه لم يستقر بالمعنى الحقيقي مفهوم "**المدينة**" كتعبير لتطور مساحي واجتماعي ولعلاقات حديثة جديدة تختلف عن علاقات القبيلة أو القرية.

فما هو قائم الآن شكل مدني خارجي في بعض الحواضر الكبرى، تسوده علاقات ذات صبغة ريفية. والريف لا يعرف الفرد مستقلاً بل دوما منتسباً.

178

والمدينة العربية – تاريخياً وحالياً – لا تعرفه هي الأخرى، وبخاصة بعد أن "تريفت"، وصارت تحمل سمات المجتمع الريفي: العلاقات القرابية أو الشللية، والتصورات الجمعية، وتلاشي الفضاءات الخاصة للأفراد...إلخ. ويمكننا القول: إن الفرد والمؤسسة لم يولدا بعد في المجتمع العربي وما نراه لا يعدو أن يكون صيغ علاقات وطريقة إدارة ريفية للأمور ترتدي مسوح المؤسسة المدنية تتلبس الشكل الخارجي للعمل المؤسسي بينما حقيقتها ريفية. فقد تحولت المؤسسة إلى أداة في يد الأفراد المتنفذين والمتحكمين بقصد إضفاء الشرعية على علاقات هيمنة، وانتهى الأمر إلى: **"تريـيف" و"تزيـيف" و"تكيـيف"** المفاهيم والأشكال الإدارية الحديثة لخدمة واقع مستبد.(¹³)

وقد شهد العالم العربي المعاصر تَشكُّلَ مجتمعين متباينين: أولهما، هامشي أو مهمش يتكون من غالبية الأرياف والبوادي وبعض المدن أو أقسام من المدن. وثانيهما، جديد/ سياسي، جتمع مدن، مهن وحرف جديدة أو متغيرة، طلاب وتعليم حديث، سياسة وأحزاب. فمعظم المواقع والعلاقات الاجتماعية في حالة تَشَكُّلٍ وتداخل وتبادل بين القديم

(¹³) السيد والعبد" في المؤسسات الحديثة – سامح فوزي –
http://www.islamonline.net.

والجديد، وترييف المدينة وبدونتها، على حد تعبير الدكتور مُحَمَّد جابر الأنصاري، هو الإشكالية المطروحة على الفكر العربي السياسي، فقد جلبت التحولات الاجتماعية ما بعد عهود الاستقلال الأولى إلى الحواضر العربية إما أبناء الريف أو البادية، وهؤلاء لم يقفزوا على السلطة بالطريقة التقليدية، لكنهم حازوها من خلال المؤسسات "**الحديثة**" فأصبح العمل السياسي العربي — إلا فيما ندر — في أيدي هذه الفئات، فأصبحت قيم وممارسات العمل السياسي في المدينة العربية قيما وممارسات ريفية، وهو ما اصطلح على تسميته بـ "**ترييف المدينة**".(14)

وسواء كان "**الترييف**" حالة من "**التغير**" أو "**التغيير**" فإن اقترانه بالاستبداد لفت نظر كثيرين، فمثلاً، حزب البعث العراقي بعد تأصيل جذوره في المجتمع العراقي أصبحت مهمته الحقيقية "**توزيع الفرص**" بين أعضاءه ومؤيديه بالاعتماد على معيار الولاء دون الكفاءة، الأمر الذي أدى للإضرار في مسألة توزيع الموارد على استخداماتها المختلفة دون مراعاة فرص التنمية الاقتصادية والاجتماعية، ما أدى إلى

---

(14) أسس الحداثة ومعوّقاتها في العالم العربي المعاصر: دكتور عبدالله تركماني — من أوراق: ندوة "مؤسسة الشجرة للذاكرة الفلسطينية" — دمشق (6 – 9 ديسمبر 2004) — ضمن محور "معوّقات الحداثة العربية والقضية الفلسطينية".

"**ترييف المدنية**" واعادة هيكلة المجتمع المدني عبر تكوين ولاءات جديدة في التنظيمات المجتمعية الأمر وبالتالي تباطأت فاعليتها بهدف تثبيت نظام الحكم واستدامته. وقد شكلت هذه التكوينات مجتمعة ثقافات جديدة لم يألفها المجتمع العراقي فيها قدر كبير من الثنائية في مقدمتها اطلاق شعارات الحرية وممارسة الاستبداد، وتعميق مفاهيم الاشتراكية وفي الوقت نفسه إثراء فئات صغيرة من البنى الفوقية للمجتمع، فضلاً عن سيادة عدم الكفاءة والفساد.([15])

والترييف كحالة اجتماعية ثقافية تطرح أسئلة عديدة في مقدمتها التراتبية بين أشكال الاجتماع الإنساني وما إذا كان الإسلام منحازاً لأي منها؟

يرى الباحث الأردني إبراهيم غرايبة أن المجتمعات والحضارات تتجه في مسارها العام إلى التمدن، فالمدن كانت مركز الحكم والثقافة والرسالات السماوية أيضاً، وتعتبر ظاهرة الترييف في المدن والسلطة والثقافة العربية معاكسة للاتجاه المفترض لتطور الحياة العامة والسياسية،

([15]) **الاستبداد في نظام الحكم في العراق: متضمنات الماضي ورؤية المستقبل** — الدكتور سالم توفيق النجفي — ورقة مقدمة إلى: مشروع دراسات الديمقراطية في البلدان العربية — اللقاء السنوي الرابع عشر — "الاستبداد والتغلب في نظم الحكم العربية المعاصرة" —2004/8/28.

181

وربما تكون من أسباب فشل التنمية والإصلاح والمشاركة السياسية والعامة. وبتجمع الناس حول المكان في عقد اجتماعي أول وأهم خطوات ومقتضيات التحضر. فالمدن مركز العمل العام والاجتماعي والحضاري والإبداع، ويقتضي ذلك بالضرورة أن يكون الإنسان منتمياً إلى مدينة أو تجمع حضري، فالرعاة والصيادون لا يمكن أن يؤسسوا أعمالاً ومشاريع وبرامج اجتماعية وثقافية.

والفكرة الجامعة للناس حول المكان هي أساس الدول والحضارات والعمل العام، لأنها تنشئ مصالح وتشريعات وثقافة منظمة للإدارة والحياة السياسية والثقافية مستمدة من تفاعل الناس مع المكان، وتعاقدهم على الأمن والعدل وتحقيق المصالح والاحتياجات وفق تفاعلهم مع المكان وليس ما تقتضيه بيئة الإنتاج والحماية الأخرى المنتمية إلى الريف أو البادية. بل إن غرايبة يرى أن إقامة مجتمع إسلامي كانت أساس الدعوة الإسلامية، وسميت يثرب "**المدينة**" في دلالة رمزية مهمة على أن الإسلام يقوم ويعمل ويطبق أساساً في مدينة، ولا يمكن أن تكون الرسالة إلا في المدينة، فلا تنجح ولا يصح أن تكون ابتداء في القرى الصغيرة والمراعي والتجمعات المحدودة، وكان الرسول — صلى الله عليه وسلم — ينهى من يسلم من أهل البادية أن يعود إليها، ليبني مجتمعاً

مدينياً. والناظر في أحكام الإسلام وآدابه يجدها تؤسس لسلوك مديني متحضر يستوعب المكان الذي يجمع الناس، مثل الاستئذان عند دخول البيوت، والنهي عن رفع الصوت، والتجمل والتطيب والنظافة والاستماع، وإشهار الزواج والشهادة عليه، وكتابة الدين، والانصراف بعد الطعام، والذوق العام، وغير ذلك كثير مما ينشئ عادات وتقاليد وثقافة مكانية مدينية ومجتمعية. والمواطنة والجنسية عقد والتزام بين طرفين، الدولة والمواطن، وتقتضي الانتماء والمشاركة وأداء الواجبات، والمواطنة ليست عرقا أو إثنية، ولكنها تقوم على المكان، فمواطنو الدولة يتجمعون حول فكرة جامعة للدولة تقوم على أساس المواطنة والالتزام نحوها والتمتع بالحقوق والفرص التي تتيحها، فالانتماء يقوم أساساً على المكان، والمواطنة والجنسية علاقة اجتماعية تنشأ مع المكان.([16])

ومن ثم فإن التمدن ليس حاجة ترفية أو فلسفية، ولكنها ضرورة يقتضيها نشوء المدن بالضرورة، فلا يمكن إقامة مدن وجامعات ومجالس نيابية وشركات ومصانع دون أن يصاحب ذلك ثقافة مدينية لإدارتها وتنظيمها. والكارثة العربية — حسب غرايبة — تقع في استخدام الأدوات

([16]) السياسة والإصلاح في الوطن العربي بين التمدن والتريف — إبراهيم غرايبة — 18/ 2/ 2004 — نقلا عن: موقع الوحدة الإسلامية www.alwihdah.com

والمناهج الريفية لإدارة دول ومؤسسات ومجتمعات مدنية كبرى. فإذا كانت الثقافة الريفية أو البدوية تكوِّنها تجمعات صغيرة قائمة على نمط معين من الإنتاج والانتماء والحماية، فلا يمكن تصوُّر كيف ستنتظم هذه الثقافة تجمعات سكانية ومهنية وسياسية كبرى ومعقدة لا يربطها بعضها ما يربط المجموعات الصغيرة من السكان المتشاركين في النسب والمصاهرة والعمل والحياة. ويمكن سرد قائمة طويلة جداً من التشريعات والأحداث والظواهر والكوارث والمجازر التي ترد إلى ما لا يجب أن يحدث إلا في تجمعات صغيرة من البيوت الطينية أو بيوت الشعر. وفي تفسير الدكتاتورية وتسلط العسكر وحكم الأفراد يلاحظ دائماً علاقة ذلك بغياب أو تهميش الطبقة الوسطى من المهنيين والبورجوازيين والمثقفين الذين يمثلون الخصائص الوصفية والتركيبية للمدينة، وبتسلط العصبيات الريفية والقبلية على الحكم والإدارة والأحزاب والجماعات. وبالطبع، فإن الديموقراطية أول ضحايا الترييف إذ لا يمكن ترسيخها دون مدينة، فهي عقد اجتماعي مع المكان، وتحققها منظومة سياسية واجتماعية وشروط بيئية محيطة تجعل تنظيم الحياة السياسية والعامة عقدا تلتزم به الأطراف جميعها، وتجد فيه مصالحها، ومن دونه تضيع هذه المصالح، وتتعثر عمليات تحقيق الحاجات الأساسية، وهذا لا يتم إلا في مدينة حقيقية

يتجمع فيها الناس وينظمون أنفسهم على أساس مصالحهم
واحتياجاتهم.([17])

وهناك من يعتبر البدونة (أي إعادة إنتاج البداوة) الوجه الآخر
لعملة الترييف، حيث كلاهما يمثل المرحلة السابقة على "**المدينة**".

وبزوال النظام البعثي في العراق ظهر سيل من الدراسات على
المجتمع العراقي كنموذج للنتائج السلبية لعمليتي الترييف والبدونة، فيرى
الناشط الحقوقي العراقي الدكتور عبد الخالق حسين أن حصاد حكم
حزب البعث العراقي أن الثقافة الاجتماعية للشعب العراقي (وهو واقع
يمكن تعميمه عربياً بدرجات متفاوتة) مزيج من البداوة والحضارة،
حسب نظرية علي الوردي التي لها جذور بنظرية ابن خلدون (البداوة
والعمران). فالعراقي مزدوج الشخصية تتصارع فيه القيم البدوية
والحضارية. ولكن مع الزمن كان الجانب الحضاري في نمو متزايد على
حساب الجانب البدوي، وبسبب تقديس للبداوة زحفت ثقافة الصحراء
والريف على المدينة. فمعظم قادة البعث من خلفية ريفية وعشائر بدوية،
قاموا بإحياء القيم البدوية وتقليد حياة البدو في حياتهم اليومية.

([17]) **السياسة والإصلاح في الوطن العربي بين التمدن والترييف** – إبراهيم
غرايبة – مصدر سبق ذكره.

ومن ناحية التنظيم الاجتماعي تم إحياء القبلية والأحكام العشائرية في حل المنازعات بين الناس فأعطيت صلاحيات واسعة لشيوخ العشائر وتحول الشعب العراقي إلى اتحاد قبلي بين هذه العشائر، وبذلك تم إعادة المجتمع العراقي إلى البداوة على حساب الحضارة. ومن المعروف في علم الاجتماع، أن البدو ألد أعداء الدولة ولن يمنحوا ولاءهم لأية حكومة أو وطن أو دولة، وإنما للعشيرة والطائفة وشيخها فقط. ولهذا فإن إعادة الشعب العراقي إلى البداوة كان معناه جعله غير قابل للحكم بدون الحاكم المستبد.([18])

والأكاديمي العراقي المعروف زهير المخ يقرأ تاريخ العراق منذ الانقلاب على الملكية (1958) من منظور الصراع بين **"التمدين"** و**"الترييف"**، فهو يرى أن من السطحية بمكان أن ننظر إلى تلك المرحلة، كصراع بين جناحين يمثل أحدهما **"الإرث الاستعماري"** فيما يجسد الثاني **"طموحات التحرر والاستقلال"**. هذا كان سطح المشكلة فحسب، أما جوهرها فكان انتصار الريف على المدينة. فظاهرة استئثار عصبية ريفية بالسلطة كانت عنوان الحياة السياسية في عراق ما بعد

([18]) الخراب البشري في العراق (3 – 3) – دكتور عبد الخالق حسين –

http://www.sotaliraq.com

1958. هذه الظاهرة التي جرى طمسها في الثقافة السياسية العراقية الرائجة لم تتمكن الإيديولوجيا من إخفائها عن عين الناظر إلا قليلاً. وهكذا احتلت الثقافة الريفية المشهد السياسي العراقي وتحولت المدينة إلى الساحة لسلطة ريفية تحمل معها عصبياتها وولاءاتها التقليدية وقيمها أيضاً، فيما تعرضت النخب السياسية المدينية لضربات موجعة أفقدتها جلّ مقومات البقاء. ولم يكن غريباً أن يتم إنتاج بنية تحتية في السلوك السياسي تقوم على اعتبار مؤسسات المجتمع المدني عدواً محتملاً دائماً تجب مراقبته والسيطرة المستمرة عليه، نطلاقاً من المبدأ القائم على حيازة الحقيقة وهو ميراث ريفي بجدارة. وفي هذا المعنى، لم تعد ثمة حدود دستورية واضحة تقيّد اعتباطية قرارات القائد "**الملهم**" و"**الفارس**" ذي الأصل الريفي.([19]) والتريـيف يعني حزمة من القيم والممارسات والقناعات والرموز: بدءاً من تقديس الأرض ووصفها بأنها "**عرض**"، وتحويلها من مجال لنشاط اقتصادي شأنها شأن أي معطى مادي آخر إلى مصدر للقيم، وشيوع جرائم الشرف، واتساع انتشار العنف الاجتماعي، وكراهية الإجراءات، وقلة الاكتراث بالزمن وتحديد المواعيد

([19]) انتصار المدينة في المشهد السياسي العراقي الجديد – زهير المخ – جريدة الشرق الأوسط اللندنية – 2/ 1 /2004.

بربطها بالظواهر الطبيعية لا بساعة محددة (آخر النهار — بعد الظهر — ليلاً —....)، مروراً بالانحياز إلى **"ثقافة الاعتزاز"** على حساب "ثقافة الإنجاز"، حيث المكانة تقدَّر بناء على الأصل الذي ينحدر منه الإنسان لا بناء على ما هو قابل للكسب. والميل إلى الثقافة غير الكتابية (الثقافة الشفاهية)، وفي نهاية المطاف ينجم عن **"الترييف"** روح قدرية شاملة مصدرها طبيعة الزراعة كنشاط يعتمد على أقل قدر من الجهد، حيث تتحول البذرة إلى نبات مثمر دون تدخل يذكر من الفلاح.

<u>**اليسار النفطي**</u>

في العام 2002 كنت على موعد مع عاصفة من أعتى ما شهدت حياتي الشخصية هبت رياحها من الملف العراقي، كنت من القليلين من الشخصيات العامة المصرية التى ترفض أي تضامن مع الديكتاتور صدام حسين بأية صورة، فيما كانت **"تجارة التضامن"** معه مزدهرة عربياً إلى أقصى حد. وكانت **"كوبونات النفط"** وسيلة صدام لمكافأة كثيرين من المتملقين وكان معظمهم يساريين. وتقدمت في العام المشار إليه ببلاغ إلى النائب العام المصري للمطالبة بالتحقيق في القصة، وتلقفت جريدة **الحياة اللندنية** الخيط خبراً تلته موجة إعلامية سرعان ما انتشرت عربياً وعالمياً.

كانت معركة كبيرة رأيت فيها جانباً كبيراً من مطبخ **"النخاسية السياسية"** التي أدارها نظام صدام حسين ونظام معمر القذافي، ولاحقاً نظام زين العابدين بن علي. ومن يقرأ القصة التي رواها الكاتب المصري أحمد صبحي منصور في الطبعة الثانية من كتابه: **"القرآن وكفى"** يضع

يده على نموذج عملي للكيفية التي تم بها استخدام أموال النفط على يد صدام حسين والقذافي لتكريس فكرة القطيعة الحتمية بين الدين والحياة، عبر دعم منابر إعلامية بعينها وأقلام بعينها ومؤلفات رسالتها لا تخرج عن هذا الهدف.

ويبقى عدة قضايا في مقدمتها:

الصلات بين "**التنظيم العفلقي**" وفرنسا، فالدور الذي قامت به باريس في احتضان طابور من الشخصيات الغامضة تبدأ بجمال الدين الأفغاني ولا تنتهي بميشيل عفلق، وهي بالتالي، تظل قضية شديدة الأهمية أمس واليوم وغداً، فكرياً وتنظيمياً، وهو ما لم يحظ باهتمام كافٍ في الخطابين الإعلامي والتحليلي.

القضية الثانية المهمة هي "**التلفيقية**" كسمة من سمات الخطاب العفلقي وهي (في الغالب تكون) قرين الغموض والرغبة في الخداع، وفي حالات كثيرة كانت الصيغ التلفيقية أكثر قدرة على جمع طيف واسع من الأنصار كل منهم يجد في الفكرة ما "**يريد**" أن يجده، ما يمنح صاحب القرار أو الجالس على قمة الهرم التنظيمي فرصة تمرير الفكرة ونقيضها دونما مشقة تذكر.

وأما الغياب شبه التام للمعيار الأخلاقي فيعد قضية القضايا في نموذج **"دولة المنظمة السرية"**، فالسرية في تجربة صدام حسين — وبتجارب عربية مشابهة — كانت مسكونة بمضاهاة الشيطان في **"استمداد القوة من الخفاء"** ولم تكن سرية الاضطرار، وكانت ثمرتها مرة.

وجميعها قضايا تحتاج إلى من يشمر عن ساعديه من باحثينا متسلحاً بمعيار أخلاقي ومنهجية هادية.

صدر للمؤلف:

مؤلفات إبداعية منشورة

** نقوش على قبور الشهداء (ديوان شعر).

مركز يافا للدراسات والأبحاث – مصر.

الطبعة الأولى 1996.

الطبعة الثانية 2003.

طبعة إليكترونية على nasihri.net – 2004.

طبعة إليكترونية على diwanalarab.com – 2004.

** عاصمة للبيع (مسرحية).

دائرة الثقافة والإعلام بإمارة الشارقة – دولة الإمارات – 2000.

** الحلم المسروق (ديوان شعر بالعامية).

مركز يافا للدراسات والأبحاث – مصر – 2003.

** الندى والموت (ديوان شعر).

مركز يافا للدراسات والأبحاث – مصر – 2003.

طبعة إليكترونية على diwanalarab.com – 2004.

طبعة إليكترونية على nashri.net – 2004.

** القاهرة.. بيروت.. باريس (رواية)

الدار العربية للعلوم – بيروت – 2006.

** أهي القدس؟ – ديوان شعر – مكتبة بيروت – سلطنة عمان – 2009.

** الممر – رواية – مكتبة بيروت – سلطنة عمان – 2009.

مؤلفات أخرى منشورة

** أشهر الأحلام في التاريخ – مكتبة ابن سينا – مصر – 1993.

** المسلمون ومؤامرات الإبادة – مكتبة مدبولي الصغير – مصر – 1994.

** التنبؤات والأحلام من الخرافة إلى العلم – دار التضامن – لبنان – 1996.

** الإسلاميون والعلمانيون من الحوار إلى الحرب

الطبعة الأولى – دار البيارق – الأردن – 1999.

الطبعة الثانية – مؤسسة حمادة للدراسات الجامعية والنشر

والتوزيع – الأردن.

** البابا شنودة والقدس: الحقيقي والمعلن – خلود للنشر – مصر – 2000.

** الشعراوي والكنيسة: ماذا قال الأنبا للشيخ؟

(طبعة إليكترونية – e-kotob.com - 2002).

** الجماعات الإسلامية المصرية المتشددة في آتون 11 سبتمبر: مفارقات النشأة ومجازفات التحول – مكتبة مدبولي – مصر – 2005.

** ثقافة قبول الآخر – مكتبة الإيمان – مصر – مكتبة جزيرة الورد – مصر – 2007.

** مدخل إلى عالم الظواهر الخارقة – مكتبة بيروت – سلطنة عمان –
شركة دلتا – مصر – 2007.

** التجسس التكنولوجي: سرقة الأسرار الاقتصادية والتقنية (دراسة في
المجتمع ما بعد الصناعي) – مكتبة بيروت – سلطنة عمان – شركة دلتا – مصر
– 2007.

** عبد الوهاب المسيري: من المادية إلى الإنسانية الإسلامية – سلسلة
أعلام الفكر والإصلاح في العالم الإسلامي – رقم 7 – مركز الحضارة لتنمية الفكر
الإسلامي – لبنان – الطبعة الأولى 2008.

** ثقافة السلام – دار ومكتبة الغد – مصر – 2009.

** الإسلام في مرمى نيران العلمانية الفرنسية: ما وراء الحرب الأوروبية
على الحجاب والنقاب – مكتبة بيروت – مصر/ سلطنة عمان – 2010.

تأليف بالاشتراك

** مقاربات نقدية في شعر رمضان أبو غالية – (بالاشتراك مع
الأساتذة: صبري عبد الرحمن، أحمد مرسال، سامح القدوسي) من إصدارات نادي
الأدب ببيت ثقافة قويسنا – مصر – 2004.

** حرية التعبير بين القانون العادل والقاضي الظالم – منشور في: بحوث
مؤتمر "الأدب وحدود حرية التعبير" – فرع ثقافة المنوفية – إقليم غرب ووسط
الدلتا الثقافي – الهيئة العامة لقصور الثقافة – وزارة الثقافة – مصر – 2006.

** إيران – مصر: مقاربات مستقبلية – (تأليف بالاشتراك) – تحرير:
توفيق شومان – مركز الحضارة لتنمية الفكر الإسلامي – بيروت – سلسلة
الدراسات الإيرانية/ العربية – رقم 1 – الطبعة الأولى – 2009.

194

** مراجعـات الإسـلاميين (الجـزء الأول) – تأليـف بالاشـتراك – مرز المسـبار للدراسـات والبحـوث – الإمـارات – سلسـلة كتـاب المسبار الشهري – العدد السادس والثلاثون – ديسمبر 2009.

<u>أعمال حققها</u>

** ديـوان أمـير الشـعراء أحـمد شـوقي (الشـوقيات) – تحقيـق – مكتبـة الإيمان – مصر – مكتبة جزيرة الورد – مصر – 2007.

** ديوان الشاعر حافظ إبراهيم – (تحقيق) – مكتبة الإيمان – مصر – مكتبة جزيرة الورد – مصر - 2009.

<u>أعمال أعدها للنشر أو حررها</u>

اكتشـف وأعـاد نشـر روايـة: "<u>اعترافات حافظ نجيب: مغامرات جريئة مدهشة وقعت في نصف قرن</u>" للمغامر المصري حافظ نجيب، وهي الرواية التي اقتبس عنها المسلسل التلفزيوني المصري الشهير "فارس بلا جواد". وقد قدم لها وألحق بها دراسة عن حياة مؤلفها.

** <u>اعترافات حافظ نجيب</u>: مغامرات جريئة مدهشة وقعت في نصف قرن (إعداد للنشر).

الطبعة الأولى – 1996 – دار الحسام – لبنان – مصر.

الطبعة الثانية – دار الانتشار العربي – بيروت – 2003.

** حـرر (بالاشـتراك) موسوعة "<u>اليهـود واليهوديـة والصـهيونية</u>" – 8 مجلدات – لمؤلفها المفكر العربي الإسلامي المرموق الدكتور عبد الوهاب المسيري – دار الشروق – مصر – 1998.

** حرر (بالاشتراك) موسوعة "اليهود واليهودية والصهيونية" – لمؤلفها المفكر العربي الإسلامي المرموق الدكتور عبد الوهاب المسيري – نسخة ميسرة

ومختصرة (مجلدان) – دار الشروق بمصر بالاشتراك مع مركز زايد للتنسيق والمتابعة بدولة الإمارات – 2004.

** القمة الأمريكية السعودية الأولى: القمة السرية بين الملك عبد العزيز ابن سعود والرئيس روزفلت (البحيرات المرة – 1945) – (تقديم وتحرير ودراسة) – بقلم: الكولونيل: وليم إيدي (أول وزير أمريكي مفوض بالسعودية) – ترجمة: حسن الجزار – مكتبة بيروت – سلطنة عمان – شركة دلتا – مصر – 2008.

** دع القلق وابدأ الحياة – تأليف: ديل كارنيجي – إعداد وتقديم ودراسة – دار الحرم للتراث – مصر – 2009.

** كيف تكسب الأصدقاء وتؤثر في الناس – تأليف: ديل كارنيجي – إعداد وتقديم ودراسة – دار الحرم للتراث – مصر – 2009.

** تربية المرأة والحجاب (رداً على قاسم أمين) – تأليف: محمد طلعت حرب (باشا) – إعداد وتقديم ودراسة – دار الغد للنشر – مصر – 2009.

www.ingramcontent.com/pod-product-compliance
Lightning Source LLC
Chambersburg PA
CBHW061341250726
48657CB00004B/1276